アセクシュアル
アロマンティック入門
性的惹かれや恋愛感情を持たない人たち

松浦 優
Matsuura Yuu

a pilot of wisdom

目次

第3章　Aro/Ace の実態調査——70

第6章　セクシュアリティの装置――セクシュアリティの規範性を理論的に考える 133

第8章 Aro/Aceの周縁化を捉えるために

セクシュアリティとジェンダー

ジェンダー化される（ア）セクシュアリティ

性の二重規範——セクシュアリティ概念のジェンダー非中立性

強制的性愛のジェンダー非対称

Aro/Aceであることと性自認の関係

フェミニズムやクィアの運動と強制的性愛

強制的性愛と障害者差別

強制的性愛と人種差別

排除／抹消

インターセクショナリティ

抹消

「可視性の政治」再考

図版作成／MOTHER

はじめに――「好きになる」とは

近年では性的マイノリティの認知度が高まり、そうした人々への差別を問題視する考え方も、以前よりは広まっています。おそらく多くの人が、「ＬＧＢＴ」や「ＬＧＢＴＱ」などの言葉を一度は聞いたことがあるのではないでしょうか。差別をなくす流れに向かうのであれば、それはよいことでしょう。

ですが、これまでのＬＧＢＴに関する議論から取りこぼされてきたセクシュアリティがあります。たとえば、「好きになる相手が同性なだけで、異性愛者と同じ」とか、「誰かを好きになるのは当たり前のこと」と言われることがしばしばあります。こうした発言に対して、別に問題ないのでは？と思う方もいるかもしれません。しかしこうした発言は、「誰もが他者を『好きになる』はずだ」ということを暗に前提としており、発言者の意図はどうあれ、「誰かを『好きになる』ことのない人はおかしい」という考えを含意してしまっています。

これに対して、他者に性的に惹《ひ》かれない人々や、他者に恋愛感情を抱かない人々が、現に存在します。こうした人々を表すのが、「アセクシュアル」や「アロマンティック」といった言葉です。本書では、こうした人々の実態や、関連する用語などについて説明していきます。

ところで、アセクシュアルやアロマンティックはごく少数の例外的な人々であって、それ以外の人々にはとくに関係がないのでは？と思う方もいるかもしれません。ですがアセクシュアルやアロマンティックについての議論は、実は多くの人々にも深く関わるものです。

たとえば、誰かを「好きになる」という表現を何気なく使ってきましたが、この「好きにな

る」というのはどういう意味でしょうか。おそらく人によっていろいろな答えがあると思います。性的に魅力を感じる、恋愛感情を抱く、美しいと感じる、面白いと思う、尊敬や憧れを覚える、などなど、「好き」という言葉にはさまざまな要素が含まれています。そしてこれらの要素は、必ずしも結びついて感じられるとはかぎりません。たとえば性的魅力と恋愛感情も、人によっては分離したものとして経験されるのです。

あるいは「付き合いたい」とか「一緒にいたい」という欲望も、さまざまな理由から生じるものです。たとえば、恋愛感情にもとづいて付き合いたいと思う場合もあれば、生活の都合や金銭的なメリットを理由に同居する場合もありますし、気心の知れた友人同士だからという場合もあるでしょう。

同じことは性交渉についても言えます。性的魅力にもとづいて性交渉をしたいと思う場合もあれば、相手に喜んでほしいという理由、相手との関係をうまく維持したいという理由、金銭

的なメリット、快楽など、さまざまな要素が考えられます。なかには性交渉に応じないと暴力を振るわれるという理由でやむなく応じるケースも、残念ながらあります。

さらに言えば、話は他者との性的・恋愛的関係だけにとどまりません。たとえば性的欲望があるから性交渉をするのだと考える方がいるかもしれませんが、性的欲望は必ずしも性交渉に結びつくわけではありません。実際に、マスターベーションはするけれど他者との性交渉をしようとは思わないという人や、性的なコンテンツを好んで視聴するけれど他者と性的な行為をしたいとは思わないという人もいます。もちろん、恋愛コンテンツを好みつつ他者に恋愛感情を抱くことはない、という人もいます。

このように、性や恋愛に関する「好き」だけにかぎっても、実はさまざまな要素があります。おそらく読者のなかには、こうした要素をひとまとまりのものとして漠然と捉えている方もいるかと思います。ですがアセクシュアルやアロマンティックの人々は、そうした漠然とした枠組みでは捉えられないような経験をしていることがあります。そしてそうした経験を言語化しようとする過程で、性や恋愛に関する認識を精緻化してきたのです。それゆえアセクシュアルやアロマンティックに関する用語、およびこうした人々の経験を知ることで、性や恋愛をより深く理解することにつながるはずです。

もうひとつ重要なことがあります。それは、アセクシュアルやアロマンティックの人々が社会でいないことにされている、という問題です。たしかに最近は結婚しない人も珍しくなく、一時期と比べると性や恋愛の位置づけは相対化されているかもしれません。とはいえ、誰かに性的魅力を感じたり恋愛感情を抱いたりするのは当たり前のことで、誰もがそうした経験をするものだ、という考えは今でも根強く残っています。そのような世の中では、アセクシュアルやアロマンティックの人々は周囲から不愉快な扱いを受けることも少なくありません。

日常生活の場面だけでなく、制度的な面でも問題はあります。たとえばメンタルヘルスの専門家であっても、アセクシュアルやアロマンティックを一種の精神病理と結びつけて認識していることがあります。あるいは直接的に「病気だ」とみなされないとしても、アセクシュアルやアロマンティックについて知る機会がほとんどない、という問題もあります。たとえば性教育の場でアセクシュアルやアロマンティックに触れられることはめったにありません。

このように、アセクシュアルやアロマンティックの人々が社会で周縁化されている状況があります。つまり何気ない慣習や制度が、実はアセクシュアルやアロマンティックを想定せずに作られており、それによってこうした人々が不利益を被ることがあるのです。そういった問題についても、本書で説明していきます。

第1章　アセクシュアル／アロマンティックとは何か

アセクシュアル

アセクシュアルという言葉は、特定の権威ある団体や学者が定義した「客観的」な用語ではなく、当事者自身が自らのあり方を言語化するための用語です。そのため、アセクシュアルという単語の定義をめぐっては、当事者コミュニティ内でも議論がなされてきました（この点については後で説明します）。そのため、論者や文脈によって異なる意味で用いられる場合があるのですが、そのことを踏まえたうえで、ひとまずは、**アセクシュアルとは、他者に性的に惹かれないという性的指向である、**というもっともよく使われる定義を用いることにしましょう。これは世界最大規模のアセクシュアル・コミュニティであるＡＶＥＮ（Asexual Visibility and Education Network）のウェブページで掲げられている定義です（AVEN 2024）。

もうすこし具体的に、「アセクシュアル（asexual）」という単語に注目してみましょう。この単語は、sexualの前にaが付いています。この「ア（a）」は「否定」を意味する接頭辞です。そのため、アセクシュアルは文法的に見れば「セクシュアルではない」という単語だと言えます。[*1] ちなみに日本語では「アセクシュアル」と表記されることが多いですが、「エイセクシュアル」や「Aセクシュアル」と表記されることもあります（英語での発音に近いのは「エイセクシュアル」です）。

あわせて注目してほしいのが、「性的に惹かれない」という言葉です。アセクシュアルはしばしば「性的惹かれの欠如（lack of sexual attraction）」と説明されます。このsexual attractionという言葉は「性的魅力」と訳されることもあるのですが、これは誰かを性的に惹きつけるものという意味（魅力的な対象についての説明）と、誰かに性的に惹きつけられるという意味（魅力を感じる主体についての説明）のどちらにも使われる言葉です。このふたつのうち、アセクシュアルの説明に関わるのは後者の意味、つまり他者に性的魅力を感じるかどうかです。そのニュアンスを表すために、本書ではsexual attractionを「性的惹かれ」と訳すことにします。

最後に「性的指向（sexual orientation）」について。性的指向とは、どの性別の人に対して性的に惹かれるかを表す言葉で、異性愛や同性愛、バイセクシュアルやパンセクシュアル（性的に惹かれるかどうかの基準に性別が無関連であるセクシュアリティ）などが含まれます。つまりアセクシュアルは、いわゆるＬＧＢ（レズビアン・ゲイ・バイセクシュアル）と並ぶカテゴリーとして用いられているのです。

ただしアセクシュアルとほかの性的指向との関係については議論があり、むしろ「性的指向」という枠組みそれ自体を問い直すような、新たな見方が提示されることもあります。とはいえこうした踏み込んだ議論をする前に、まずはアセクシュアルに関連するほかの用語を確認しておきましょう。

アロマンティック

次にアロマンティック（aromantic）という言葉を紹介します。**アロマンティックとは、他者に恋愛的に惹かれないという恋愛的指向**のことです。この単語も、「ア（a）」と「ロマンティック（romantic）」に分けることができます。「ア（a）」はアセクシュアルと同じく「否定」の接頭辞ですので、アロマンティックは文法的には「ロマンティックではない」という単語です。そしてここで言う「ロマンティック」は「恋愛」という意味です。そのためアロマンティックは、恋愛的ではない、という趣旨の単語となるわけです。ちなみにこの単語も、日本語では「アロマンティック」や「Aロマンティック」などと表記されることがあります（英語の発音だと「エイロマンティック」が近いですが、エイロマンティックというカタカナ表記はあまり使われていない印象です）。

このように、単語の構成という点では、「アロマンティック」と「アセクシュアル」はかなり似ています。そしてアロマンティックに関しては、romantic attractionという言葉があるのですが、これも「性的惹かれ」と同じように、「恋愛的惹かれ」と訳すことにします。

ここで重要なのは、「性的」ではなく「恋愛的」という言葉が使われている点です。言い換えれば、「性」と「恋愛」が区別されているわけです。なぜこの区別があるのか。それは、性的惹かれと恋愛的惹かれが一致しない、という人が存在するからです。

たとえば、「性的惹かれはなく、誰かに恋愛的に惹かれることはある」という人がいます。また逆も然《しか》りで、「恋愛的惹かれはなく、誰かに性的に惹かれることはある」という人もいます。さらに、「性的に惹かれる対象と恋愛的に惹かれる対象が異なる」という人もいます（たとえば、性的に惹かれる対象は男性だけど、恋愛的に惹かれる対象は女性だ、というように）。

こうしたあり方を理解するための枠組みとして、「性的指向」と「恋愛的指向」を区別する見方が提起されています。恋愛的指向（romantic orientation）とは、どの性別の人に対して恋愛的に惹かれるかを表す言葉です。恋愛的指向はアロマンティックだけにかぎりません。性的指向の分類が「○○セクシュアル」という言葉でなされているのと同じように、恋愛的指向は「○○ロマンティック」というカテゴリーが使われます。

恋愛的指向にもいろいろなカテゴリーがありますが、どの恋愛的指向も「○○ロマンティック」と表すのだ、というところさえ理解しておけば、言葉に戸惑うことはなくなるかと思います。たとえば、同性に対する恋愛的指向は「ホモロマンティック」、異性に対する恋愛的指向は「ヘテロロマンティック」、男女どちらに対しても恋愛的に惹かれる指向は「バイロマンティック」、恋愛的に惹かれるかどうかに性別が関わらない人であれば「パンロマンティック」、などのカテゴリーが用いられています。

マジョリティを名指す用語――アロー

ここまで、アセクシュアルやアロマンティックといった言葉を説明してきました。これに対して、アセクシュアルではない人や、アロマンティックではない人を指す言葉も存在します。そこで使われるのが、アロー（allo）という接頭辞です。

性的指向や恋愛的指向についての文脈では、アロー（allo）は「ほかのものに向かう」という意味で用いられます。そのため、他者に性的に惹かれるという性的指向を「アローセクシュアル（allosexual）」、他者に恋愛的に惹かれるという恋愛的指向を「アローロマンティック（alloromantic）」と呼びます。異性に惹かれる人だけでなく同性に惹かれる人であっても、他者に惹かれるという意味では同じくくりだ、というわけです。ちなみにアローロマンティックはカタカナで書くとアロマンティックと紛らわしいですが、英語だとalloとaroは綴《つづ》りも発音も違います（allo は「アロ」に近い発音です）。また英語では略称としてアロー（allo）と表記されることもあります。

なぜアローという言葉が使われているのでしょうか。それは、「アセクシュアルやアロマンティックは『普通ではない』から特殊な用語があるけれど、アセクシュアルでない人やアロマンティックでない人は単に『普通の』人たちなのだ」という発想を問い直すためです。性的指向や恋愛的指向は、決して「普通の人には関係ない」ものではありません。「普通」とされるマジョリティの人々のあり方も、性的指向や恋愛的指向のひとつとして位置づけられるものなのです。そして本書の後半で説明するように、社会のさまざまな制度や慣習や規範がマジョリティのあり方を基準として作られています。そうしたことに意識を向けるための言葉として、マジョリティを名指す言葉があるのです。

スプリット・アトラクション・モデル——惹かれを切り分ける

アセクシュアルやアロマンティックの話に戻りましょう。先ほど性的指向と恋愛的指向を区別する発想について説明しました。このように、さまざまな種類の惹かれを切り分ける考え方を、スプリット・アトラクション・モデル（split attraction model、略称はＳＡＭ）と呼びます。スプリット（split）という単語は、「分ける」とか「分割する」といった意味です。そしてアトラクションは、先ほども出てきた「惹かれ」です。ということで、スプリット・アトラクション・モデルをシンプルに訳せば、「惹かれを切り分けるモデル」となります。

性的マイノリティについての解説では、しばしば「好きになる性」という言葉が使われています（たとえば同性愛者は「好きになる性」が同性である人、異性愛者は「好きになる性」が異性である人、というように）。「はじめに」でもすこし触れましたが、では「好きになる性」と言うときの「好き」とはいったい何でしょうか？

おそらく人によっていろいろな答えがあると思います。たとえば、「恋愛感情を抱くことだ」という人もいるでしょう。あるいは「セックスをしたいと感じることだ」と答える人もいるでしょうし、「美しいと感じることだ」という答えや、「一緒に暮らしたいということだ」という答えもあるかと思います。このように、一口に「好き」といっても、その意味合いはさまざまです。

こうしたさまざまな「好き」は、人によっては分かちがたく結びついている場合もあると思います。「好きになる性」という表現がしっくりくるという人ももちろんいるはずです。そうした人であれば、なぜわざわざ「好き」を切り分けるのかと思うかもしれません。

ですが、誰もがさまざまな「好き」を一体のものとして経験するわけではありません。たとえば、「恋愛感情を抱くことはあるが、セックスをしたいとは思わない」という人、「誰かを美しいと感じることはあるが、だからといってその人に恋愛感情を抱くわけではない」という人、「一緒に暮らしたいと思う相手がいるが、その人とセックスしたいとは思わない」という人などが、現にいます。あるいは、「恋愛感情を抱く相手は同性で、セックスしたいと思う相手は異性だ」という人もいます。このような人々は、「好きになる性」という言葉では、自分のあり方をうまく言い表せないのです。

スプリット・アトラクション・モデルは、まさにこうした人々が自分のあり方を説明するための言葉です。たとえば、「異性に恋愛感情を抱きつつ、誰にも性的に惹かれない」という人は「ヘテロロマンティック・アセクシュアル」と言えます。また、「誰にも恋愛感情は抱かず、どの性別の人にも性的に惹かれる」という人は「アロマンティック・パンセクシュアル」と言えます。あるいは、「恋愛感情を抱く相手は同性で、セックスしたいと思う相手は異性だ」という人であれば「ホモロマンティック・ヘテロセクシュアル」です。このように、「〇〇ロマンティック・△△セクシュアル」と組み合わせるのが、スプリット・アトラクション・モデルでの表記法です。

スプリット・アトラクション・モデルでは、とくに性的惹かれと恋愛的惹かれの区別が強調されますが、このふたつ以外にもさまざまな「好き」を切り分けることができます。たとえば先ほど挙げたように、「美しいと感じる」という美的な意味での「好き」や、「性的でも恋愛的でもないけれど、親密な関係を結びたい」という「好き」もあります。こうしたさまざまな「好き」は、必ずしも一致しているわけではないですし、また一致していなければならないわけでもありません。以上が、スプリット・アトラクション・モデルの考え方です。[*2]

ところで、スプリット・アトラクション・モデルの定着に大きな影響を与えたのが、英語圏のアセクシュアル・コミュニティです。コミュニティのなかで「恋愛的惹かれ」という言葉が使われるようになり、それをきっかけとして、現在のようなスプリット・アトラクション・モデルが定式化されたと言われています。そして現在では、スプリット・アトラクション・モデルはアセクシュアルにかぎらず、あらゆる性的指向と恋愛的指向を組み合わせられるようになっています。アセクシュアルに関する議論や考え方が、結果的にアセクシュアル以外にも波及していく、という点については後の章でも触れていきたいと思います。

スペクトラムという捉え方――「0か1か」ではない発想

皆さんは「あなたは他者に性的あるいは恋愛的に惹かれますか？」と聞かれたら、「はい」か「いいえ」のいずれかで迷いなく答えられるでしょうか。即答できる人ももちろんいると思います。ですが、「アセクシュアル寄りのような気はするけど、でもアセクシュアルだと言い切れるかどうか……」と考え込む人もいるはずです。そのため性的惹かれも恋愛的惹かれも、

「ある」か「ない」かの二択ではなく、連続的なスペクトラムとして考えるほうがよいでしょう。

そしてそのような中間的なあり方を表すのが、グレーセクシュアルやグレーロマンティックという言葉です。同じ意味でグレーアセクシュアルやグレーアロマンティックと表記されることもあります。ここで言う「グレー」とは、アセクシュアルとアローセクシュアルの間、アロマンティックとアローロマンティックの間のグレーエリアを表す用語です。

ほかにも、もうすこし詳しい要素を言い表すための言葉として、さまざまな用語（マイクロラベル）が作られています。ここでマイクロラベルの一例を挙げてみたいと思います。

●デミセクシュアル／デミロマンティック（demisexual/demiromantic）
基本的には他者に性的／恋愛的に惹かれることはなく、情緒的なつながりができた相手にのみ性的／恋愛的惹かれを抱くことがある

●リスセクシュアル／リスロマンティック（lithsexual/lithromantic）
他者に性的／恋愛的に惹かれることはあるが、相手からその感情を返してほしいとは感じない

●エーゴセクシュアル／エーゴロマンティック（aegosexual/aegoromantic）

性的／恋愛的表現を愛好したり性的／恋愛的空想をしたりするが、自ら性愛／恋愛に参与したいとは望まない

このほかにもいろいろなラベルがありますが（気になる方は「asexual microlabel」「aromantic microlabel」などで検索してみてください）、暗記する必要はありません。用語を覚えるよりも、いろいろな人がいるのだということをまず確認していただければと思います。

一口に「アセクシュアル寄り」とか「アロマンティック寄り」だと言っても、経験や感覚にはさまざまな違いがあります。その「違い」を見落とさないために、先に挙げたような細かなラベルが作られてきました。

とはいえ同時に、こうした人々もまた、アセクシュアルやアロマンティックの人々と同じような経験をすることがあり、同じような悩みを持つことがあります。だからこそ、このようなマイクロラベルがアセクシュアルやアロマンティックのコミュニティから作り出されてきたのです。

こうしたさまざまなマイクロラベルも含めた総称として、Aro/Aceという言葉が使われることもあります。英語圏ではAce/Aroと表記されることが多い印象ですが、どちらも意味は同じです。アセクシュアル・スペクトラムについて包括的に表す言葉がAceであり、アロマ

ンティック・スペクトラムを包括的に表すのがAroです[*3]（Aceと似た言葉としてA-spec、Aroと似た言葉としてAro-specなどが使われることもあります）。そしてAroとAceをともに指すときにはAro/Aceと呼ぶことができます。そのため本書では、アセクシュアルやアロマンティックなどを含む包括的な言葉として「Aro/Ace」を使うことにします。

以上のように、一方でマイクロラベルの細分化によって多様な経験を言語化しつつ、他方でさまざまなマイクロラベルを包括する総称によって連帯を志向する、という実践が当事者によって行われてきたのです。

新しい用語を作る意義

ここまでいろいろな用語が出てきて混乱している方もいるかもしれませんが、先ほども書いたとおり、これらの用語をすべて暗記する必要はありません。重要なのは、こうした用語を必要とする人々がいるということ、そしてこうした用語を必要とする理由です。このことを以下で説明していきます。

アセクシュアルやアロマンティックおよびマイクロラベルは、「自分は何者であるか」を説明するための言葉です。言い換えれば、アイデンティティのラベルです。Aro/Aceの人々は、自分が異性愛者とも同性愛者とも違うと感じることがあります。そのとき、自分のあり方を説明するための言葉がないせいで、自分自身でも自分のことをうまく理解できず、戸惑いや苦悩を経験することも少なくありません。そうした悩みを解消し、自己理解をもたらすものとして、こうした言葉が必要とされるのです。

次に、こうした言葉は、似たような経験やあり方をしている人同士のつながりを作るものでもあります。すでにラベルがあるということは、自分以外にも同じようなセクシュアリティの人々がいるということです。また言葉を知れば、その単語でウェブ検索をして、さらに調べていくこともできます。それによって、たとえばＳＮＳなどを通じて、同じようなセクシュアリティの人々と接点を持つことができ、悩みや経験を語り合うこともできるようになるのです。

そしてラベルのもうひとつの意義として、異なるセクシュアリティの人々に自分たちのようなセクシュアリティがあることを知らしめる、ということが挙げられます。異なるセクシュアリティというのは、アローセクシュアル／アローロマンティックの人々です。アローの人々が大多数を占めている社会では、誰もが他者に性的／恋愛的に惹かれるものだという考え方が支配的であり、Aro/Ace の人々は存在しないことにされがちです。そうした状況に対して、Aro/Ace の存在を可視化したり、アローであることを前提とした社会通念を問い直したりするツールとして、Aro/Ace のラベルが用いられるのです。

以上のように、Aro/Ace のラベルには、①自己理解（自分がいったい何なのかを自ら理解するため）、②経験の共有（同じような経験や悩みを持っている人々とつながるため）、③社会通念の問い直し（アロー前提の社会に自分たちの存在を認めさせる）、という機能があると言えます。つまりこうしたラベルは、なによりも当事者のためのものなのです。また後述するように、これらのラベルは、当事者たちのコミュニティのなかで徐々に形作られていったものです。

ですから、アセクシュアルやアロマンティックおよびそのマイクロラベルは、権威のある人物や団体が定義する「客観的」な分類ではありませんし、ましてや医師などの第三者による「診断」で決められるものでもありません。自身のあり方を説明するうえでどの言葉を使うか（あるいは使わないか）は、その人自身にとってしっくりくるかどうか、そしてその人が自分のあり方をどのように社会的に表明したいか（表明するかしないかは自由です）、という問題なのです。

ラベルとの付き合い方

ここまで、新しいラベルを作ることの意義や効果について説明してきました。とはいえこれに対して、「こうしたラベルができると、そこに当てはまらない人が無理に自分を当てはめようとして、逆に苦しい思いをすることもあるのではないか？」という疑問を持つ人もいるかもしれません。たしかにそのようなことも起こりうると思います（まさに第6章の「主体化＝従属化」の議論で扱うテーマでもあります)。しかしそれは、ラベルを作ること自体が問題なのではなく、ラベルとどう付き合えばよいかという問題ではないでしょうか。

まず前提として、こうしたラベルは、あなたには必要のないものだったとしても、誰かにとっては重要なものですので、その意義や価値を軽々しく否定するべきではありません。そのうえで、こうしたラベルは上で挙げた3つの機能を果たす道具です[*4]。ですから、どれかのラベルを試しに使ってみて、もししっくりこないのであれば、また別のラベルを探してもまったく問題ありません。一度使ったラベルから別のラベルに変えてはいけないわけではありませんし、合わないラベルに無理に自分を合わせようとする必要もありません。

実際に、Aro/Ace だと自認するようになる以前には、自分は同性愛者かもしれないと考えていた人もいますし、あるいは過去にバイセクシュアルやパンセクシュアルを自認していた人もいます(Winer et al. 2024)。また、アセクシュアルではあるものの、「アセクシュアルであること」が自分の中核をなすアイデンティティではない、という人もいます(Scott, McDonnell, and Dawson 2016)。言葉はとても重要で、だけど一方ではただの道具なのだ……自分を説明するラベルに悩んだときには、このぐらいの距離感でラベルと付き合うことも可能だということを、頭の片隅に入れておくとよいかもしれません。

そしてもうひとつ、もしマジョリティのあり方以外を知る機会がなかったら、ということも考えてほしいと思います。もし「普通」の（いわゆる異性愛的な）あり方しか見つからない世の中だとすれば、「普通」に当てはまらない人が無理に自分を「普通」に当てはめようとせざるをえなくなり、苦しい思いをするのではないか……。これは単なる思考実験ではなく、実際に起きていることです。マイノリティのあり方に問いを向ける前に、まずはマジョリティを基準とした社会の状況に問いを向けてみるべきだと思います。

似て非なるもの──禁欲主義、性嫌悪

ここまで用語の説明をしてきましたが、用語に関するよくある誤解に触れておきます。Aro/Aceは、しばしば禁欲と誤解されますが、性や恋愛について禁欲をしているわけではありません。意志や信念による禁欲ではなく、単に性的／恋愛的な惹かれを経験しないという指向なのです。*5

またAro/Aceは性嫌悪とも異なる概念です。もちろんAro/Aceのなかには性的な行為やことがらに嫌悪感を抱く人もいます（そうした性嫌悪について、他者からとやかく言われる筋合いはありません）。ですがAro/Aceの人々のなかには、性的なことがらに対してニュートラル（とくに好きでも嫌いでもない）という人もいますし、性的なことがらが好きという人もいます。

そのため、「性的な行為をしたことがあるんだから、アセクシュアルとは言えない」というわけではありません。繰り返しですが、アセクシュアルは性的惹かれの有無にもとづく性的指向です。そして性的な行為は、性的惹かれ以外の理由によって行われることもあります。さらにアロマンティックに関しては、アロマンティック・セクシュアルの人も含まれています。このように、Aro/Aceと一口に言っても、性的実践や性的なことがらに対する態度には多様性があります。この点については後の章で具体的に説明します。

性的指向と性自認の区別

もうひとつ、「アセクシュアルとは性別がないということだ」という誤解がときどき見受けられます。アセクシュアルという言葉を「性がない」と解釈しているのかもしれません。この誤解を避けるうえで重要なのが、セクシュアリティとジェンダーの区別です。

セクシュアリティとは、性的欲望や性的行為に関することがらの総体のことです。カタカナ語で使われるのが一般的ですが、あえて訳すなら「性現象」と言えます。アセクシュアルやアロマンティックは、セクシュアリティの類型です。細かいことを言うと、恋愛に関することがらやアロマンティックという恋愛的指向は「セクシュアリティ」なのか、という点は議論の余地があるかもしれません。ただ、恋愛は性的欲望や性的行為と結びついている場合が多く、またアロマンティックについてもセクシュアリティに関する領域で論じられてきたため、ここでは便宜的にセクシュアリティに含めることにします。

これに対してジェンダーは、性別（もしくは性差）のことです。たとえば、男らしさや女らしさのような、「ある性別の人が社会のなかでどのようにふるまうべきとされているか」をジェンダー規範と呼びます。また、「ある人が自身のジェンダーを何として認識しているか」を表すのがジェンダー・アイデンティティです。ジェンダー・アイデンティティは性同一性や性自認とも言われます。ジェンダー規範やジェンダー・アイデンティティも、アセクシュアルやアロマンティックの人々の生活に大きく関わるものですが、これについては後で説明します。

また、ジェンダーに関する概念のひとつとして、トランスジェンダーも挙げられます。トランスジェンダーとは、生まれたときに割り当てられた性別と異なる性別を生きている人々のことです。たとえば、生まれたときに女性というラベルを割り当てられたけれど、女性として扱われることに違和感を覚え、男性として生活している、という人は「トランス男性」です。この例の「男性」と「女性」を入れ替えると「トランス女性」の説明になります。これに対して、トランスではない人々のことを「シスジェンダー」と呼びます。

ここで確認しておきたいのは、ジェンダーのカテゴリーは男性と女性だけではない、ということです。そうした「男性でも女性でもない」あるいは「男性か女性かという区分のいずれか片方のみに属しているわけではない」あり方を表す言葉として、XジェンダーやノンバイナリーあるいはAジェンダーという用語があります。これらはいずれも性自認のラベルです。

こうした人々のなかには、まさに「性別はない」「無性」というアイデンティティを持っている人々がいます。ですが、Aジェンダーや無性Xジェンダーであるとしても、アセクシュアルやアロマンティックであるとはかぎりません。Xジェンダーなどは性自認の話であって、性的指向の話とはいったん区別しておいてください（もうすこし踏み込んだ議論は第8章で説明します）。

註

＊1　生物学の領域では、asexualという単語は「無性生殖」という意味で用いられていますが、これは本書で扱うセクシュアリティとしてのアセクシュアルとは別の用法です。

＊2　性的指向と恋愛的指向が一致しないという人の割合は、アローセクシュアルの人々よりも、アセクシュアルの人々のほうが高いという調査があります（Clark and Zimmerman 2022）。性的指向と恋愛的指向を分ける発想がアセクシュアルの人々から提起されたというのは、このような要素も関わっているかもしれません。

＊3　Aceという表現は、A-specではなく「アセクシュアル」の言い換えとして使われることもあ

りますが、この本では総称として A-spec の意味で使っています。

＊4　「アイデンティティのラベルを道具扱いするのは失礼ではないか」と思う方もいるかもしれません。ですが、「道具として扱う」ことは必ずしも「価値の低いものとして扱う」ことではないはずです。たとえば熟練の職人にとって、長年使ってきた道具はある意味で「自分自身の一部」と感じられるものです。それと同じように、アイデンティティのラベルもまた自分自身を形作るものになりえます。そう考えれば、他者を尊重するためには、その人の道具を尊重することも大切だと言えるでしょう。「道具」は「重要ではない」という発想こそ、立ち止まって考え直すべきものだと思います。

＊5　英語では禁欲主義という意味で「セリバシー（celibacy）」が使われますが、この言葉は宗教的な禁欲主義というニュアンスで用いられることがあります。禁欲を望ましいとする宗教的コミュニティでは、アセクシュアルであることによる悩みを感じずに済む当事者もいるかもしれません。しかしながら、そうした宗教が必ずしもアセクシュアルに親和的であるとはかぎりません。たとえば近年では、カトリックの神学的人間論がアセクシュアルの存在を否定しているのではないかという指摘がなされています（Coblentz 2024）。宗教と Aro/Ace の関係については、今後さらなる研究が必要です。

第2章　Aro/Ace の歴史

Aro/Aceは「イマドキの流行《はや》り」ではない

第1章では、基本的な用語について確認してきました。しかしこれまでにも何度か述べたように、以上の用語はコミュニティのなかでの議論を経て形作られてきたものです。そのため、国や地域やコミュニティごとに異なる用語が使われることがあり、また同じコミュニティのなかでも時期によって用語が変化することがあります。

実際に、asexualという英単語自体は2000年代以前から使われていました。たしかに、性的指向のアイデンティティを表す用語としてasexualという単語が定着したのは、2000年前後かもしれません。ですがそれ以前にも、「性的（sexual）ではないこと」を表すために、asexualという単語は複数の文脈で使われていました。そこでの意味合いが現代における「アセクシュアル」とどれだけつながっているのか、という検証は必要ですが、ともあれアセクシュアルの歴史は1990年代以前にもあると言えます。

またコミュニティの外側では、性科学や精神医学の研究者たちが、アセクシュアルに相当する用語を使ってきた歴史があります。そこでは往々にして、アセクシュアルな状態は病的なものとみなされていました。ある意味で、この歴史をたどることによって、アセクシュアルに対する差別や偏見の歴史を確認することができます。

ということで、この章ではまず性科学や精神医学の歴史を手短に紹介したうえで、英語圏と日本の歴史をたどってみたいと思います。とはいえ歴史に関してはまだ明らかになっていないことも多いので、以下の内容はあくまで現時点で分かっている範囲のものであることに留意しておいてください。

性科学におけるアセクシュアルの歴史

性的な欲望や関心を欠いている状態は、性科学や精神医学のなかで歴史的に病理化されてきました。これに対しては、Aro/Ace の人々から批判が提起され、現在では Aro/Ace であること自体は病気ではないと認識されています（病理化がまったくなくなったわけではないのですが）。この歴史について手短に振り返っておきたいと思います。[*1]

性的欲望が低い状態は、19世紀頃から精神医学のなかで、「冷感症（frigidity）」や「性的不

図表1　キンゼイ・スケール（キンゼイほか 1950: 333）

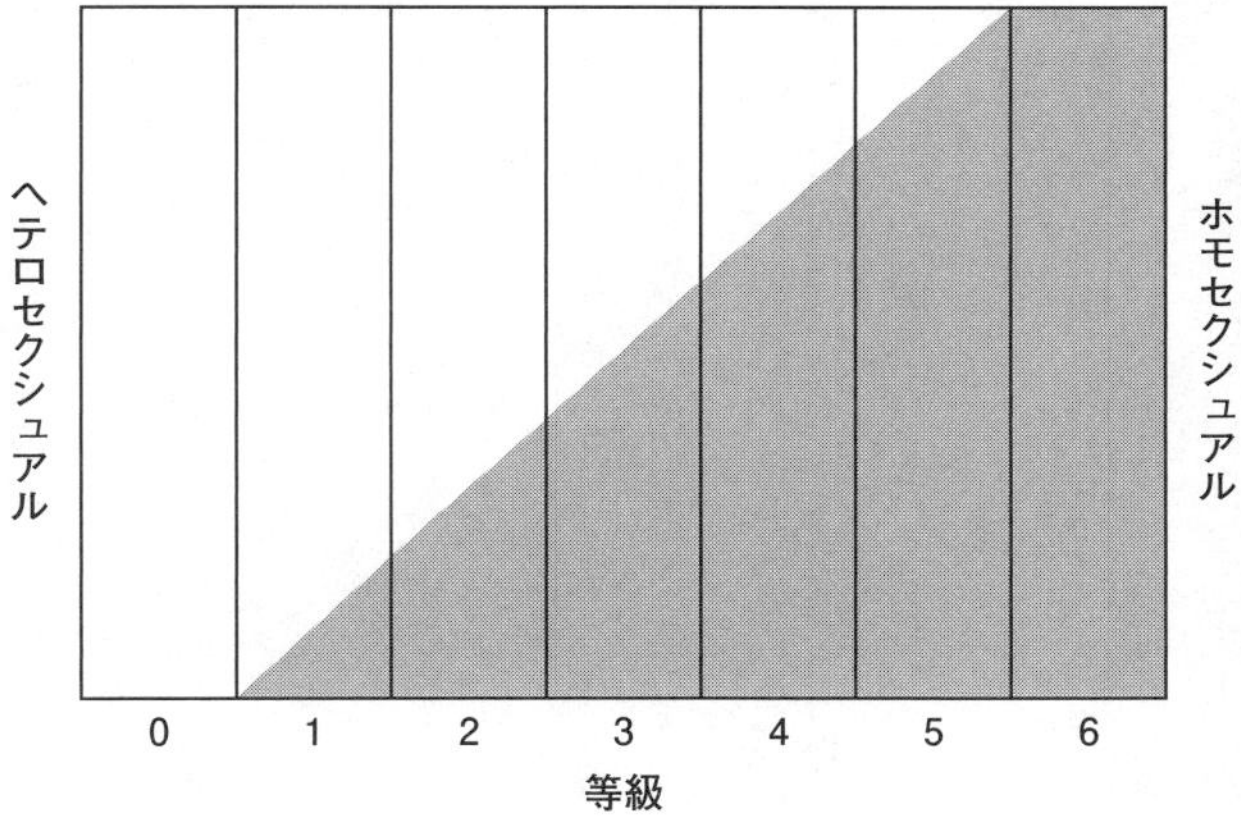

感症（sexual anesthesia）」などとみなされ、病理化されてきました。このような理解を提示している典型例がリヒャルト・フォン・クラフト＝エビングの著作であり、この議論は日本でも精神医学的な知識として輸入・翻訳されてきました。性的欲望を欠いている人は、端的に病気であり、治療すべきものだとみなされていたのです。

これに対して、20世紀中頃になると、科学の領域でもアセクシュアルに近い概念が生み出されます。その初期の例が、アルフレッド・キンゼイの研究です。キンゼイといえば、人間の性的指向は異性愛から同性愛まで連続的なものだという発想から、キンゼイ・スケール（図表1）を提示したことで有名な人物です。この理論は、完全な異性愛（0）から完全な同性愛（6）まで7段階のグラデーションがあるのだ、というものです。キンゼイ・スケールは古い理論ではありますが、性科学の歴史では有名なもので、日本でも戦後すぐに翻訳されました。

ところで、実はこの議論のなかで、キンゼイは7段階のスケールのどこにも当てはまらない人々がいると指摘していました。それが、「社交的性的接触または反応でないもの」(キンゼイほか 1950: 354) を指す、グループ「X」です。アセクシュアルという単語自体は出てきませんが、性的接触や性的反応を欠いている人々が、異性愛－同性愛のグラデーションの外側として位置づけられたのでした。

1970年代後半から1980年頃になると、アセクシュアルという言葉を性的なあり方のひとつとして明示的に位置づける研究が、性科学の領域でも登場します。そのひとつがマイケル・ストームスの研究です (Storms 1980)。ストームスの図式は、異性に対する性的欲望の程度を横軸に、同性に対する性的欲望の程度を縦軸にした、ふたつの軸による四象限図式です (図表2)。この四象限のうち、異性への欲望も同性への欲望も「低い」という位置が「無性的 (Asexual)」と表記されていました。もちろん、あくまで「無性的な」という形容詞として使われているものですから、現代のようなアイデンティティのラベルとして使われているわけではありません。それでも、この時期から性科学のなかで、アセクシュアルな人々の存在が意識されるようになってきたとは言えます。

図表2　ストームスの提示したカテゴリー (Storms 1980: 784)

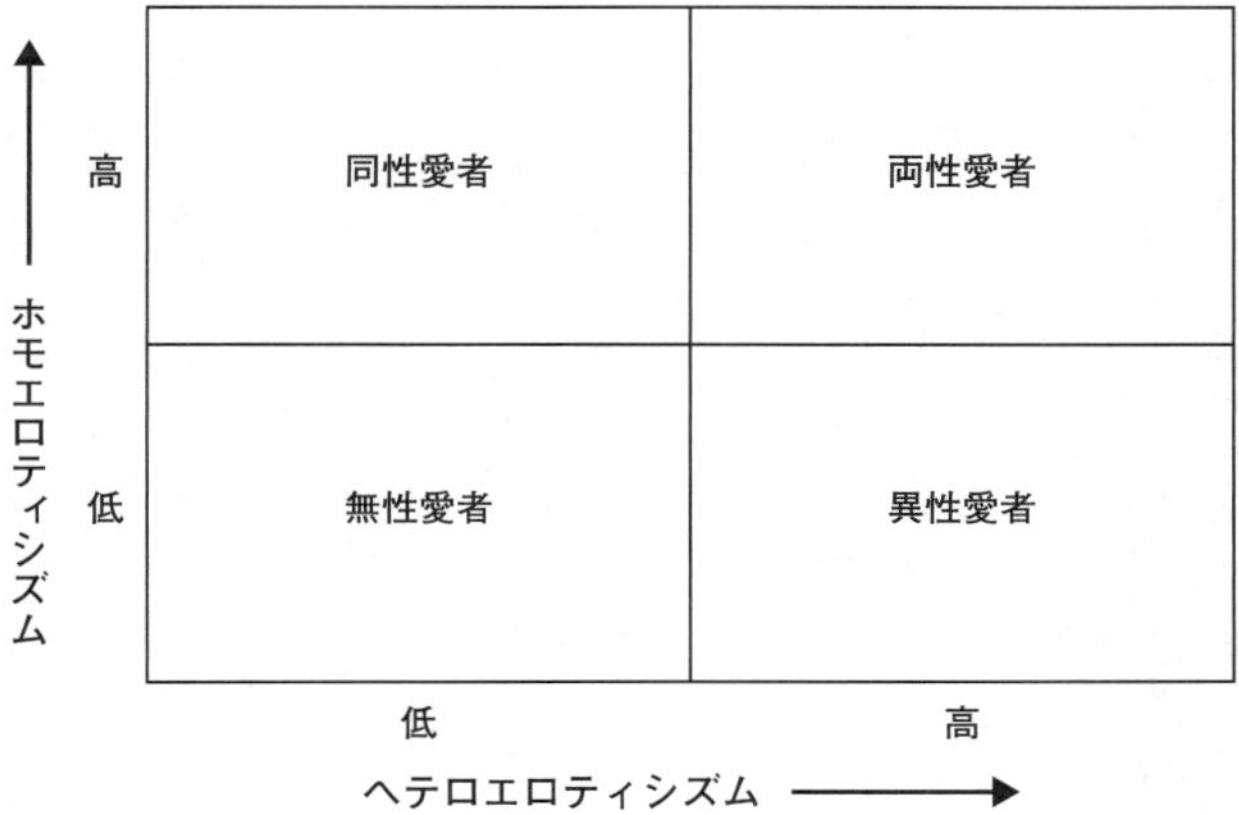

その後アセクシュアルをめぐる議論に大きな影響を与えたのが、カナダの心理学者アンソニー・ボガートの研究です（Bogaert 2004）。これは1994年にイギリスで行われた全国調査（UK National Survey of Sexual Attitudes and Lifestyles）を再分析したもので、「誰に対しても性的惹かれをまったく感じたことが一度もない」人の割合が約1％だということを示したものです。この数値をもとに、ボガートはイギリスのアセクシュアル人口は約1％だと論じました。これはアセクシュアルの人口割合を計量的に示した画期的な研究であり、アセクシュアルに関する研究や議論を活発化させる大きなきっかけとなりました。そして現在では、アセクシュアルに関する科学研究でも、アセクシュアルは性的指向のひとつとして扱われており、アセ

クシュアルを病理とみなす発想が明確に批判されています。

ただしボガートの研究（Bogaert 2012）に対しては、アセクシュアルの「定義」という観点から批判がなされてもいます。ボガートはアセクシュアルの正当性を主張する際に、「真の」アセクシュアルは「性的惹かれや性的関心の完全な欠如」であり、セックスに関する単なる中年期の倦怠感《けんたい》ではない「ハードコアのアセクシュアル」なのだと強調しました。しかしこのような定義の仕方は、アセクシュアル（あるいはセクシュアリティ一般）についての実態に即していないと批判されています（Przybylo and Cooper 2014）。

まず、セクシュアリティは「生まれつき（生得的）」か「後から身につけるもの（後天的）」かのどちらかとして捉えることはできないものです。たとえば、「異性」というものが存在しない環境で一生を過ごす人は、「異性愛者」にはなりえないでしょう。このように、もっとも「自然」だと思われそうな「異性愛」ですら、当人の生まれつきの要素だけで説明することはできないのです。

こうした環境的な要素のなかには、言葉や考え方の枠組みも含まれます。何が「性的」なものなのか、そもそも「性的」というのはどういうニュアンスの概念なのか、といったことによって「性的惹かれ」や「性的関心」の意味合いは変わってきます。そして実際に、このような思考の枠組みは、時代や社会によって異なるものです（この論点については、第6章の「『同性愛者』の誕生」や「セクシュアリティの装置」に関する議論でも扱います)。しかしボガートのような性科学の議論では、セクシュアリティが文化や社会と不可分に結びついていることが無視されてしまい、結果として実態に即さない形でアセクシュアルが「定義」されてしまうのです。

また、ボガートのように「真の」「ハードコアの」アセクシュアルを強調する見方は、アセクシュアルの人々に対するプレッシャーにつながるものです。つまり、「何らかの理由で性的惹かれや性的関心をなくしただけではないか」という疑念を晴らさなければアセクシュアルを名乗れないのではないか、という圧力をもたらすのです。何らかの基準でアセクシュアルを「本物」か「偽物」かに二分することは、スペクトラムの人々を無視することにもなります。誰がアセクシュアルなのか、誰がアセクシュアルではないのか、という判断を下す権威を科学者が握ってしまうことは、ある意味で暴力的なものであることに注意が必要です。

精神医学における診断基準の変遷

ここまで見てきた性科学の議論は、医学的なものとして病院や臨床現場にも影響を与えてきました。実際、アセクシュアルを「冷感症」や「性的機能不全」とみなす考え方は、ある程度の歴史的な変化はありつつも、現在にいたるまで引き継がれています。そのことを見て取れるのが、アメリカ精神医学会が出版している『精神疾患の診断・統計マニュアル』通称ＤＳＭ（Diagnostic and Statistical Manual of Mental Disorders）です。

このマニュアルは何度か改訂されていて、２０１３年に第５版（ＤＳＭ-Ｖ）が刊行され、現在ではその修正版（ＤＳＭ-Ｖ-ＴＲ）が最新版として使われています。*2 実は第５版に改訂される以前は、アセクシュアルは実質的に病気として扱われていたのです。これについては、社会学者の長島史織がまとまった論文を書いていますので（長島 2022）、それをもとに歴史を紹介します。

まず、１９５２年の第１版（ＤＳＭ-Ｉ）と１９６８年の第２版（ＤＳＭ-Ⅱ）では、「冷感症（frigidity）」や「膣けいれん（vaginismus）」や「性交疼痛症《とうつう》（dyspareunia）」といった用語が掲載されていました。ただ、この時期には「性欲がない」状態は治療対象としては扱われていませんでした。しかし１９８０年の第３版（ＤＳＭ-Ⅲ）では「性心理的障害（psychosexual disorders）」という項目が導入され、そのなかに「機能的不感症」「機能的膣けいれん」「性的欲求の抑制」といったものが含まれました。そして１９８７年に第３版の改訂版（ＤＳＭ-Ⅲ-Ｒ）が出版されるのですが、そのときに「性的欲求低下障害（Hypoactive Sexual Desire Disorder: ＨＳＤＤ）」が記載され、診断すべき病気として扱われるようになりました。具体的には、ＨＳＤＤは「持続的または再発的に性的な空想や性行為への欲求が欠落している、または欠如している」ことだと定義されていました。その後1994年の第4版（DSM-Ⅳ）で、HSDDは「苦痛」をともなうものだという要件が追加され、当人が苦痛を感じていなければHSDDとは診断しないと明示されるようになりました。

こうしたHSDDの診断基準には、アセクシュアルの立場から批判がなされていました。HSDDとアセクシュアルがいずれも「性的関心の欠如」という点で一致していることから、両者が混同されやすいという問題です。アセクシュアルであることが精神疾患だとみなされて、治療すべきものとして扱われることがあったのです。

また、苦痛という要件にも疑問が提起されていました。なぜ性的欲望や性的関心を欠いていることによって苦痛が生じるのか。たとえばそこには、パートナーとの性関係でトラブルが起こるとか、性的欲望がないことを知人から揶揄《やゆ》されるといった、対人関係の要因があるかもしれません。また、性的欲望があることを「当たり前」で「望ましい」ものとみなす風潮が社会に広まっていれば、そこから外れることに不安や恐れを感じることもあるでしょう。このように、「性的欲望を欠いていることで苦痛を感じる」といっても、その苦痛の原因は「性的欲望を欠いていること」自体ではない可能性があるのです。

ところで、HSDDに対する問題提起はフェミニズムの立場からもなされてきました。HSDDと診断される人は「女性」のほうが多い傾向があり、たとえば2002年のアメリカでの調査では、シス女性の三分の一がＨＳＤＤに該当しうると言われていました（Kim 2014: 268）。実際、20世紀以降の「冷感症」をめぐる議論は、多くの場合「女性」が性的に不活発であることを問題化するものでした。しかもそこでは往々にして、「女性」にパートナー（「健常」な「男性」）との性行為に応じるよう、医療的な診断という形で圧力をかけるということが行われていたのです（Margolin 2023）。

この背景には、性的な身体反応や性行動についての理解が、性器の反応ばかりに注目するという性器中心的だったという問題があります。また、社会でもっとも推奨される性行動は「男性」の快楽やオーガズムを基準としていたことも指摘されてきました。まさに「男性の行動が文化的にスタンダードとされ続けているかぎり、男性に対する女性の違いは欠陥とみなされ」（Hare-Mustin and Marecek 1990: 14）ていたのです。そのためＤＳＭに対しては、以前からフェミニズムの観点でも批判がなされてきました。

こうした議論と呼応する形で、アセクシュアルの当事者団体ＡＶＥＮは、アセクシュアル研究者やフェミニスト研究者とともにＤＳＭの改訂に向けた働きかけを行いました。具体的には、２００８年に始まったＤＳＭ改訂会議に出席し、アセクシュアルに関する調査報告と提言を提出しました。そのような活動を通して、現在の第5版（ＤＳＭ-Ｖ）ではＨＳＤＤの代わりに、「女性の性的興奮／関心の障害」と「男性の性欲低下障害」という診断項目がそれぞれ設定されました。そしてそこでは「アセクシュアルを自認する人は診断されない」という例外規定が明記されました。つまりアセクシュアルを「病気ではなく性的指向として位置づけることによって、アセクシュアルを性障害と区別することが可能になった」のです（長島 2022: 75）。

このような改訂は、アセクシュアルを脱病理化するものとしてある程度評価することができます。とはいえ問題が完全に解消されたかというと、そうとは言えません。たとえばＤＳＭ－Ｖでは「苦痛」のほかに「対人関係の困難」が診断基準に含まれているのですが、この点について、「パートナーの精神的な苦痛」を基準とする診断が「対人関係でのストレスを感じていないアセクシュアル個人にも適用される懸念」が指摘されています（長島 2022: 74）。

また、アセクシュアルという言葉を知らなければ「私はアセクシュアルだ」と自認することはできません。アセクシュアルに関する情報にアクセスできない人は、精神障害として診断されるリスクが高くなります。さらに、性的関心や欲望がないことに苦痛を覚えることも、必ずしも当人のみの問題とは言えません。先に述べたように、性的関心や欲望を欠いている人を望ましくないものとみなす風潮が社会に蔓延《まんえん》していれば、それによる苦痛を感じることがあるはずです。

この問題は、同性愛者の状況と比べると分かりやすくなります。同性愛も過去には「性指向障害」として定義されていましたが、１９８７年のＤＳＭ－Ⅲ－Ｒ以降は診断マニュアルから完全に削除されています。つまり同性に性的に惹かれることは、本人が苦痛を感じているかどうかにかかわらず、病気とはみなされていないのです。もちろん本人が「同性愛者」と自認しているかどうかも無関係です。これに対してアセクシュアルは、本人が「アセクシュアル」だと自認している場合は病気とはみなされないものの、性的関心や欲望を欠いている状態は依然として病理的なものだとみなされているのです。

このような状況に対しては、アセクシュアルを自認しているか否かにかかわらず、性的関心や欲望を欠いていること自体の病理化をやめるべきだという批判がなされています（チェン 2023: 200–）。このことはアセクシュアルにかぎらずフェミニズムの観点からも同じように指摘されています（Margolin 2023）。アセクシュアルの脱病理化はまだ完全に達成されたわけではない、と言ってよいでしょう。

「アセクシュアル」を自認していた人々の存在――フェミニズムとクィアの運動から

以上のような形で、性的な欲望や関心を欠いている状態は病理化されてきました。とはいえ、ある意味ではこうした人々が存在すること自体は知られていたとも言えます。そして実際に、性科学や精神医学以外の領域でも、こうした人々を asexual と呼ぶ事例は確認されています。現在の一般的な用法とは異なるものの、「アセクシュアル」という言葉で自分自身を説明し、そして社会に問題提起を投げかける人々が存在したのです。

その重要な事例が、フェミニストのリサ・オーランドとバーバラ・ゲッツが1972年に刊行した「The Asexual Manifesto（アセクシュアル宣言）」です。これは1972年のニューヨーク・ラディカルフェミニスト共同会議の分科会をきっかけに書かれた、8ページのパンフレットです。アセクシュアルについて情報発信をしてきた夜のそらさんが*3、このマニフェストの全文翻訳をウェブ公開しています（オーランド2019）。

この文書では、性差別の現れのひとつとして、女性の性的搾取が批判されています。注目すべきは、女性の性的搾取を支える文化として、「対人セックス（interpersonal sex）」を人間にとって不可欠なものとみなす「神話」（思い込み）や、「愛情や、温かみ、肌の触れ合いなどへのニーズ」は対人セックスによってこそ満たされるのだとみなす「神話」がある、と批判している点です（オーランド2019、訳語は一部変更）。これは第5章で触れる「強制的性愛」や「対人性愛中心主義」への批判と共通する問題提起と言えます*4。

この議論のなかで、「アセクシュアル」という言葉は「誰とも性的に関わらないこと（relating sexually to no one）」と定義されていました。また、「その人が性的な感じ（sexual feelings）を得たときに、そうした性の感じを表現する（expression：外に出す）ためにもう一人別の人を必要としない」ということであるため、「マスターベーションを排除するものではない」とも説明されます（オーランド2019）。そのうえで、このマニフェストの著者たちは自らを「アセクシュアルの女性」と位置づけています。

ただしこのマニフェストは無から突然湧いて出たものではなく、同時代のフェミニズム運動のなかから生み出されたものです[*5]。そのため、ここでの「アセクシュアル」の定義は、現在の一般的な定義とは異なっています。また歴史的な系譜としても、現在のアセクシュアル・コミュニティに直接つながる「先祖」とは言えないかもしれません。とはいえ、「アセクシュアル」を自認する人々がいたということは、歴史的に注目すべきことです。

これ以降も、1970年代や1980年代には、「アセクシュアル」を自認している人に対するインタビュー記事が散発的に刊行されています。一例ですが、1978年1月23日発行の『Village Voice』誌の記事では、（無性愛というものは存在しないと主張する精神科医の発言も載っているのですが……）「私にとって、アセクシュアルはセックスへの欲望を持たない人のことです。その欲望を抑圧しているかどうかとは別のことです」と語るアセクシュアル自認の男性が登場しています[*6]。

また1990年代になるとウェブ上のブログなどで、アセクシュアルを自認する人々の文章が投稿されるようになります。ただしここまでの時期は、まだ大規模なまとまったコミュニティはできておらず、また「アセクシュアル」という言葉の意味についても共通認識があったわけではありませんでした。

アセクシュアル・コミュニティの成立――英語圏での「アセクシュアル」定義をめぐって

アセクシュアル・コミュニティができたきっかけは、アセクシュアルを自認する人物が１９９７年に"My Life as an amoeba"という文章をウェブ上に投稿したことだと言われています。そのウェブページに対するコメントをきっかけとして、アセクシュアルの人々同士が交流する場ができていきました。これ以降の流れについて、社会学者の三宅大二郎の整理（三宅 2017）を参考に、英語圏のオンライン・コミュニティにおける「アセクシュアル」概念の歴史を見ていきましょう。

２０００年になると、"Haven for the Human Amoeba（ＨＨＡ）"というYahoo! グループ（メーリングリストや電子掲示板などが使えるウェブサービス）が生まれました。こうしたウェブコミュニティのなかで、アセクシュアルの定義をめぐる議論がなされていました。

ちょうど同じ時期に、当時大学生だったデイヴィッド・ジェイが、"My Life as an amoeba"の文章に触発されて、２００１年にＡＶＥＮを立ち上げました。第1章の最初のほうで触れた、世界最大規模のアセクシュアル・コミュニティの成り立ちです。ですが開設当初には掲示板はなく、アセクシュアルの定義として「どちらのジェンダーにも惹かれない人（a person who is attracted to neither gender)」という文章と、ジェイのメールアドレスが記載されていただけでした。

そしてジェイは、ほかのアセクシュアルの人を探すために、ＡＶＥＮのウェブページに関する情報をアメリカ中の大学のＬＧＢＴグループに送信しました。それに対する返信のなかで、「どちらのジェンダーにも～ない（neither gender)」という部分が男女の二元論を前提としており、ノンバイナリーの人々を見落としているのではないか、といった指摘がありました。このように、アセクシュアルの定義をめぐっては、ほかのＬＧＢＴグループとの議論もあったのです。

その後ジェイはＨＨＡに参加するようになりますが、そこでの議論を通して、ＨＨＡのなかでもアセクシュアルの定義をめぐる議論が出てきます。たとえば、当初は「性的に惹かれないこと」と「性欲の欠如」が同じものだと考えられていました。ところがＨＨＡには「マスターベーションをするけれども自分をアセクシュアルだと認識している」という人もいることが明らかになりました。このことをめぐる議論を通して、性的惹かれをともなわない性欲を指す「方向づけのない性欲動（undirected sex-drive)」という用語が生み出され、そしてアセクシュアルの説明として「性的に惹かれないこと」という表現が用いられるにいたったのです。

かくしてＡＶＥＮの最初の定義から、「どちらのジェンダーにも～ない」が削除され、単に

「惹かれ（attracted）」だった箇所が「性的に惹かれ（sexual attracted）」に修正されます。これによって、AVENではアセクシュアルを「性的惹かれを経験しない人（a person who does not experience sexual attraction）」と再定義しました。

この定義は簡潔で、しかも多様なアセクシュアルのあり方をそれなりに幅広く捉えられる包括的なものです。こうした定義があると、アセクシュアルを知らない人にも説明しやすく、またアセクシュアルという人々がいるのだと可視化しやすくなります。つまりこうした定義は、アセクシュアル・コミュニティの外に向けた説明でもあるわけです。

しかし同時に、定義をめぐって「論争」が起きたことからも分かるように、アセクシュアルと一口に言ってもさまざまな人がいます。こうした多様さを取りこぼさないために、AVENでは、アセクシュアルか否かを判断する基準はないと強調しつつ、自分自身を説明するうえでアセクシュアルという言葉がしっくりくるのであれば「アセクシュアル」と名乗ってよい、という方針を取っています。アセクシュアルに関するシンプルな定義を用意しつつも、最終的にラベルを使うかどうかは当人に委ねられているわけです。

アロマンティック・コミュニティの成立

ここまでアセクシュアルの定義について見てきましたが、ではアロマンティックはどうだったのでしょうか。こちらも現在のコミュニティに直接つながる範囲に絞って、２０００年代頃からの流れをまとめておきます（もちろんそれ以前にも、性的な愛と恋愛的な愛を区別する見方が提起されることはありましたが、ここでは現在のコミュニティの歴史に絞って紹介します）。

アロマンティックの人々のオンライン・コミュニティのひとつに「ＡＵＲＥＡ（Aromantic-spectrum Union for Recognition, Education, and Advocacy）」というウェブサイトがあります。アロマンティックについての解説が充実しているサイトです。以下では、このサイトのなかの「アロマンティックの歴史（Aromantic History）」というページの記述をもとに、コミュニティの歴史を整理します。

アロマンティック・コミュニティのルーツをたどると、アセクシュアル・コミュニティにさかのぼることができます。ＡＵＲＥＡでの説明によれば、アセクシュアル・コミュニティで「アロマンティック」という言葉が使われた最古の例は、２００２年のＨＨＡでの書き込みです。具体的には、２００２年4月26日にmaxnova100というユーザーが投稿した文章の末尾で、以下のように書かれていました。

完全にアセクシュアルというわけではないが、「交際関係」にあることという概念を恐れている、という人を表す適切な言葉は何でしょうか？　アロマンティックでしょうか（笑）？

このほかの初期の投稿として、AVENのフォーラムに投稿された2005年の書き込みが挙げられます。当時のAVENでは、アセクシュアルのなかには性的惹かれ以外の惹かれを経験する人もいるということが共有されていました。そのため、異性に惹かれるアセクシュアルを「ストレート－アセクシュアル」、同性に惹かれるアセクシュアルを「ゲイ－アセクシュアル」（ここでの「ゲイ」は女性同性愛も含む用法です）、男女両方に惹かれるアセクシュアルを「バイ－アセクシュアル」、そして性的以外の惹かれもない人を「アセクシュアル－アセクシュアル」と表記していました。このような用語に対して、「アセクシュアル－アセクシュアル」は「アロマンティック－アセクシュアル」と呼んだほうがいいのでは、といった趣旨の投稿がなされたのです。

こうした流れを通して、2005年から2006年頃にアロマンティックという用語が定着していったようです。その後、少なくとも2008年から2009年には、アロマンティックという言葉がAVENでもよく使われるようになったと言われています。現在の意味でのアロマンティックという言葉は、アセクシュアル・コミュニティのなかで作られてきたと言えるでしょう。

しかし、アセクシュアル・コミュニティの用語として作られたことから、初期の頃には、アロマンティックというものはアセクシュアルと本質的に結びついているのだとイメージされていました。つまりアセクシュアルではないアロマンティックの人々（アロマンティック・アローセクシュアルもしくはアロマンティック・セクシュアル）の居場所がなかったわけです。

さらにアロマンティックに対しては、アセクシュアル・コミュニティのなかでの抑圧もありました。この点については、夜のそらさんが英語圏のアセクシュアル・コミュニティの事例として、以下のような出来事を挙げています（夜のそら 2019）。

アセクシュアルの人々は、「愛を知らない、冷酷な人間」という偏見を向けられることがあります。それに対する反論として、アセクシュアルの人々の一部が、「自分たちは性的惹かれを経験しないだけで、恋愛感情はあるのだ、だから自分たちは冷酷なんかではない」という反論をしたことがあったのです。この反論は、「恋愛感情がない人は冷酷だ」という発想を是認するものであり、「ロマンティック・アセクシュアルは冷酷ではないが、アロマンティックの人々は冷酷だ」と暗に言っているも同然です。

現在では、アロマンティックという用語が確立していることもあり、アセクシュアル・コミュニティでこういった主張がなされることは減っています。とはいえこのような形で、アセクシュアル・コミュニティ内でも、アロマンティックの人々が抑圧を受けることがあったのは事実です。

アロマンティックのなかにはアセクシュアルでない人もいるということ、そしてアセクシュアル・コミュニティのなかでもアロマンティックへの抑圧があったこと、この二点を説明してきました。このような要因もあって、現在ではアセクシュアル・コミュニティとは別の集まりとして、アロマンティック・コミュニティが成立しています。

アロマンティック・コミュニティのひとつとして、先ほど触れたAUREAはFAQが充実していて、まとまった情報源になっています。また主要なオンライン・コミュニティとして「Arocalypse」も挙げられます。こちらはフォーラム（掲示板）をメインとしたウェブサイトで、アロマンティック版のAVENという感じです。関心があればぜひこれらのウェブサイトも見てみてください。

日本の「アセクシュアル」と「ノンセクシュアル」

ここまでは英語圏のコミュニティでの議論を見てきました。これに対して、日本のコミュニティでは英語圏とは異なる議論がなされてきました。日本ではAVENの定義とは異なる意味で「アセクシュアル」という言葉が使われてきた歴史があり、そして独自の用語として「ノンセクシュアル」という言葉も存在します。こうした用語の歴史や変遷については、まとまった情報がかぎられているため、すこし細かく説明しておきたいと思います。

日本のコミュニティでは、「アセクシュアル」や「無性愛」という言葉は「性的欲求も恋愛感情もない」人を指すものとして使われており、2000年代半ばにノンセクシュアル概念が確立されるまでは「狭義アセクシュアル」と呼ばれることもありました。これは英語で言うアロマンティック・アセクシュアルとほぼ近い意味です。ただ、アロマンティック・アセクシュアルという表現は性的惹かれと恋愛的惹かれの区別を踏まえた用語であるのに対して、日本の「(狭義)アセクシュアル」は性的惹かれと恋愛的惹かれの区別を前提としない用語である、という違いがあります。

これに対して「ノンセクシュアル」や「非性愛」という言葉は、「性的欲求はないが恋愛感情を抱くことはある」人を指す和製英語で、後述する2003年から2005年頃の「広義狭義論争」を経て確立されたものです。こちらは英語のロマンティック・アセクシュアルとほぼ重なる意味だと言えます。

余談ですが、英単語にもnonsexualという言葉がありますが、こちらはアイデンティティを指すというよりは「性的でない」という状態を表すニュアンスで使われるのが一般的です。そのためnonsexualを単純に「非性愛」と訳すと、日本のコミュニティ的な用法なのか英語的な用法なのかが分からなくなる点に注意が必要です。個人的には、英語のnonsexualは「非性的」、nonsexualityは「非性的なもの」や「非性的であること」（あるいは「セクシュアリティ」の打ち消しであることを明示するならば「非セクシュアリティ」）と訳すとよいのではないかと思います。

このように、日本語圏と英語圏では用語の意味が異なる場合があります。そのため厳密に議論をするときには、性的惹かれがないことを表す英語圏的な用語として「Aセクシュアル」、性的欲求と恋愛感情がないことを表す日本的な用語として「アセクシュアル」、というように表記を分けるほうがよいかもしれません。

とはいえ2010年代以降になると、AVENの掲げている意味で「アセクシュアル」というカタカナ表記を使う人が多くなっており、また「アロマンティック」を使う人も増えています。つまり現在の日本では、「Aセクシュアル」と「アセクシュアル」を厳密に区別する、という言葉遣いが共有されているわけでは必ずしもありません。また日本的な「アセクシュアル」や「ノンセクシュアル」は、それぞれ「アロマンティック・アセクシュアル」と「ロマンティック・アセクシュアル」と類似した意味で使われています。[*7] そのため本書ではさしあたり、とくに断りがないかぎりは英語圏的な意味合いで「アセクシュアル」を用いることにします。

すこし話が逸《そ》れましたが、日本の話に戻りましょう。日本でも少なくとも1990年代には、

「Aセクシュアル」や「asexual」という言葉がレズビアン・コミュニティのなかで用いられていました。このことが分かる資料として、1996年から1997年にかけて実施された「ノンヘテロセクシュアル（非異性愛）女性の性意識調査アンケート」の結果をまとめた、『310人の性意識――異性愛者ではない〈女〉たちのアンケート調査』が挙げられます。『310人の性意識』は1998年に刊行された本ですが、巻末の「用語の説明」では、「Aセクシュアル」という項目があり、「一般に、性欲をもたない人、性的指向をもたない人を指す。ア・セクシュアル、エイ・セクシュアル」と説明されています（性意識調査グループ 1998: 323）。ですがこの言葉の定義は、当時のコミュニティのなかでも共通理解にはいたっていなかったようです。この点について、調査グループスタッフのアクティヴィスト志木令子は以下のように述べています。

性指向の欄において「Aセクシュアルという選択肢がないのは差別である」といったご批判を複数の方からいただきましたが、当初、Aセクシュアルという言葉自体が曖昧で、性の指向性をもたないという意味と、性指向とは別のもので、ただ性的接触を拒否するという意味との混同がみられ、実際、レズビアンでAセクシュアルである、と回答された方がおられたことを考えても一概に性指向の選択肢とするにはいまだ言葉の定義に統一性がないものと思われます。この言葉についてもまた、Aセクシュアルを意識する人たちによって、まもなくコンセンサスが得られることでしょう。（性意識調査グループ 1998: 6）

当時のレズビアン・コミュニティでは、バイセクシュアルの人々や「自分のセクシュアリティが分からない」という人々の存在が可視化されており、それによって「誰がレズビアン・コミュニティのメンバーであるべきなのか」という議論がなされていました。つまりそこでも、多様な人々がいるという認識とともに、セクシュアリティをめぐる用語の定義が議論されていたのです（杉浦 2019）。そうした状況のなかで、アセクシュアルについても議論が始まったようです。

ここから2000年代になると、オンラインの場にアセクシュアル・コミュニティができていきます。大雑把に言うと、2000年代初期にはいくつかの個人サイトのほかに2ちゃんねる（現5ちゃんねる）が、2000年代後半になるとmixiが、そして2010年代頃からはTwitter（現X）が、それぞれ存在感のあるプラットフォームとなっていたようです。とはいえここではその全貌を説明することはできませんので、ひとまずは現存する個人サイトasexual.jpと、大手プラットフォームのなかではもっとも歴史の長い2ちゃんねるに焦点を当てて、日本における用語の歴史を素描してみます。

まず興味深いのは、2ちゃんねるで「ノンセクシャル」という言葉が2000年の書き込みに使われている点です（ちなみに2ちゃんねる自体の開設は1999年です）。具体的には、2000年7月18日に「ノンセクシャル」というタイトルのスレッドに、「ノンセクシャルですどうしたらいい？」という投稿があり、翌日に「性欲はない」という書き込みがなされています。[*8] ただしこの頃には、ノンセクシュアルの明確な定義がなされているわけではなく、「広義アセクシュアル」というニュアンスもありません。あくまで推測ですが、おそらくアセクシュアルや無性愛などと同じような言葉として、1990年代からゆるやかに使われていたのではないかと思います。

現時点で確認できた範囲で言うと、2ちゃんねるにおける「アセクシャル」という単語の初出は2001年です。具体的には、2001年6月26日に「ノンセクシャルの人って・・」というタイトルのスレッドに、「同じくアセクシャルです／男にも女にも恋愛対象として興味ないです」という書き込みがありました。[*9] こちらも「ノンセクシャル」の書き込みと同じく、定義の固定されていない1990年代的な用法の延長ではないかと思います。

2002年になると、「INNOCENT KINGDOM」や「asexual.jp」や「IS THE ASEXUALITY KNOWN?」といった、アセクシュアルに関するいくつかのサイトが設立されます。asexual.jp 管理人の雪さんによると、「INNOCENT KINGDOM」や「asexual.jp」はそれぞれ独自の流れで英語圏のアセクシュアル概念を持ち込んだそうです（ゆき2022）。1990年代のレズビアン・コミュニティと連続する動きと、インターネットの普及による独自の動きが、それぞれどのように結びついているのか（もしくは断絶があるのか）、という点については今後の調査が必要です。

ともかく、こうしてオンライン・コミュニティが大きくなっていた2003年、アセクシュアルの定義をめぐる論争が起こります。それが、性的欲求はないが恋愛感情はあるという人をアセクシュアルに含めるべきか否か、という論争です。恋愛感情がある場合を「広義アセクシュアル」、ない場合を「狭義アセクシュアル」と言うこともあったため、この論争は「広義狭義論争」と呼べます。

実際に、2ちゃんねるのアセクシュアル・コミュニティでは、「広義」「狭義」「偽」という単語が2003年から2005年にかけて、ほかの時期と比べて大きく増加していました。この論争では、恋愛感情がある人をアセクシュアルに含めないとする人々が、広義アセクシュアルを「偽Aセク」や「セックス拒否症」などと呼んでアセクシュアルのスレッドから隔離しようとする投稿も見られました。

ところで、このとき「広義アセクシュアル」をアセクシュアルに含める立場の人々のなかには、当時のAVENの定義を参照している人もいました。コミュニティ内で定義が問題になるという、同時代的な状況があったのだと思います。ただこの時期の2ちゃんねるの投稿からは、アロマンティックや恋愛的指向といった概念が輸入された痕跡は確認できませんでした。ほかのサイトも調査しなければ断言できないところですが、この時期にはアロマンティック概念は輸入されなかったのかもしれません。

ともあれこの論争の結果、2ちゃんねるでは2004年末から2005年頃に、広義Aセクを認めるスレッドと認めないスレッドが分裂する、という事態が起こりました。そして2005年から、「アセクシュアル」と「ノンセクシュアル」を異なる意味で分けて用いようという流れが生まれてきます。この流れのなかで、狭義アセクシュアル＝アセクシュアル、広義アセクシュアル＝ノンセクシュアル、という区別が徐々に形作られ、2007年頃には定着し始めていました。

ちなみに、2ちゃんねるではもうひとつの定義論争として、性欲をめぐる論争もありました。他者に性欲が向かないが自慰はするという場合と、自分の内に肉体的な性欲そのものがないという場合の区別をめぐる議論です（英語圏での「方向づけのない性欲動」をめぐる議論と同じような話です）。2ちゃんねるでの議論からは、後者を取り出すための言葉として、2006年にWSD（Without Sexual Desire）という独自の造語が作られていました。ただ、こちらは広義狭義論争ほどは盛り上がらず、WSDという言葉も2ちゃんねるのコミュニティ以外ではほとんど見かけない言葉となっています。

このように、アセクシュアルの定義をめぐる論争が、英語圏だけでなく日本でも起こったということが確認できました。また、この時期までは、AVENなどの英語圏の影響はありつつも日本独自の用語が主に用いられていたと言えるかと思います。

これに対して2010年代になると、英語圏のアセクシュアル／アロマンティック概念が日本でも広がっていきます。たとえば2ちゃんねるでも、2012年に「aromantic」という単語を含む投稿が確認できました。[*10] この時期は「LGBT」という言葉が広がり始めたタイミングでもあり、海外、とくに英語圏の性的マイノリティに関する情報がSNSなどで草の根的に持ち込まれていました。あくまで推測ですが、おそらくそうしたLGBTムーブメントのなかで、アセクシュアルやアロマンティックに関しても海外の動向を積極的に取り入れる動きが生じたのではないかと思います。

以上、日本における用語の変遷を手短にたどってみました。とはいえウェブ上でのアセクシュアル・コミュニティについて網羅的に把握するためには、さまざまな個人サイトおよびその掲示板のほか、mixiやTwitterなどのほかのプラットフォームを体系的に分析しなければなりません（とくに2000年代後半以降は2ちゃんねるの存在感が低下しているので、この時期になると2ちゃんねるの分析からはあまり多くのことは言えません）。さらにオンライン・

コミュニティができるより前の状況についても、たとえば当時を知る人へのインタビューやレズビアン・コミュニティのミニコミ誌の分析など、さらなる研究が必須です。それに加えて、用語の変化だけでなく、人々の運動や活動についても調査が必要です。アセクシュアルやアロマンティックに関する研究はまだ始まったばかりであり、この本で書いた内容も修正されていくかもしれない、ということに留意しておいてください。

便宜的な切り分け

用語について長々と書いてきましたが、最後にひとつ注意点を挙げておきたいと思います。それは、ここまで触れてきたさまざまなラベルがあくまで便宜的なものである、という点です。たとえばスプリット・アトラクション・モデルは、性的指向と恋愛的指向を区別するモデルです。こうしたモデルがなければ捉えられないセクシュアリティがあるのだ、ということはすでに説明した通りです。しかしながら、性的指向と恋愛的指向が本質的に別物だというわけではありません。言い換えれば、性的惹かれと恋愛的惹かれを混然一体なものとして経験しており、むしろ切り分けると自分の実感を説明できなくなってしまう、という人もいるのです。

このことについて、夜のそらさんが分かりやすい比喩で説明しています。「あなたの好きなプロ野球チームはどこなの？」と聞かれたとき、野球に興味のない人は「プロ野球には興味がないから、好きなプロ野球チームはないよ」と答えると思います。ですがこれに対して、質問してきた相手が「なるほど、あなたは【好きなセ・リーグの球団がない】し、それと同時に【好きなパ・リーグの球団がない】、そんな人なんだね」と返したとすれば、どうでしょうか。ある意味では間違ってないかもしれません。ですがこの言い方だと、そもそもセ・リーグとパ・リーグを分けて考えることもないのだ、ということが説明できません。これと同じように、スプリット・アトラクション・モデルだと、性的惹かれと恋愛的惹かれを分けて捉えていない、というあり方をうまく説明できないのです（夜のそら 2020a）。

スプリット・アトラクション・モデルは重要ですが、だからといってこのモデルが唯一の真実だというわけではありません。ラベルやモデルは、ある種の人々をうまく理解するための道具であって、便宜的なものです。「スプリット・アトラクション・モデルこそが性や恋愛についての正しい枠組みなのだ」という「SAMの規範化」に陥らないよう、注意が必要です（SAMの規範化に関する日本語での情報は、Aro/Ace 活動グループ「半ギレ火山」のウェブ記事（半ギレ火山 2021）も参考になります）。

ある図式のもとではうまく切り分けられない、「曖昧さ」の経験というものもあるのです。そのような「曖昧さを曖昧さとして残しておくこと。そのことを許さないように機能してしまったら、それはSAMの弊害となります」（夜のそら 2020a）。言葉や図式よりも前に、生きた人間の経験があり、それと真摯に向き合うべきなのだ、ということを確認しておきたいと思います（同じことは、性的指向と性自認を区別するＳＯＧＩ（Sexual Orientation and Gender Identity）の図式にも言えるのですが、この点については第8章で触れます）。

註

＊1　性科学におけるアセクシュアルの歴史については、Przybylo（2019）の整理を参考にしています。

＊2　ＤＳＭ-Ⅴ-ＴＲでの修正は抜本的な改訂ではないため、ＤＳＭ-Ⅴから診断基準が大きく変更されたわけではありません。ＤＳＭ-Ⅴ-ＴＲでの変更点については、性別違和を専門とする精神科医の康純（2023）による整理を参照してください。

＊3　本書では、固有名であることが分かりにくい人物については「さん」付けで表記しています。

＊4　ただしこのマニフェストには、「愛情や、温かみ、肌の触れ合いなどへのニーズ」を誰もが普遍的に持っているものとみなしている感じがあります。この点は批判的に検討する必要があるかもしれません。

＊5　そのため、当時のフェミニズムをAro/Aceの観点からあらためて捉え直すこともできるでしょう。

＊6　Bell, A. (1978). Asexual Chic: Everybody's Not Doing It. *Village Voice*, 23(4), 1, 20-21. https://acearchive.lgbt/artifacts/bell-asexual-chic/（２０２４年6月21日閲覧）

＊7　日本のコミュニティでの調査からも、「日本のAro/Aceコミュニティにおいて、ノンセクシュアルがロマンティック・アセクシュアルと類似する概念として使用されている可能性が高い」と示唆されています（三宅・平森 2021: 227-228）。

＊8　https://mentai.5ch.net/test/read.cgi/kageki/963905560/（２０２１年４月21日閲覧）

＊9　https://natto.5ch.net/test/read.cgi/diet/993442197/（２０２１年４月21日閲覧）

＊10　「アセクシャル・Aセクシャル【恋愛感情無】８」というスレッドで、２０１２年４月29日の書き込みとして「性欲があっても、他者に向かないならアセク／性指向があるんだったら…aromantic って言うけど日本語訳はない（「無恋愛」？）」というものがありました。https://peace.5ch.net/test/read.cgi/gay/1313499923/（２０２１年４月20日閲覧）

第3章　Aro/Ace の実態調査

ここまでの章では、Aro/Ace についての基本的な用語について確認したうえで、Aro/Ace の歴史について手短にまとめました。この章では、Aro/Ace に関する近年の調査をもとに、現在の Aro/Ace について分かっていることを紹介していきます。

Aro/Ace の人口学

日本におけるアセクシュアルの割合
――2023年の全国調査と2019年の大阪市民調査から

アセクシュアルやアロマンティックの人々が日本の人口に占める割合はどれぐらいなのでしょうか。これについては、２０２３年に実施された「家族と性と多様性にかんする全国アンケート」（釜野ほか2023）の結果が参考になります。ちなみに、計量的な調査手法や設問の設計について詳しく知りたい方は、平森・釜野（2021）「性的指向と性自認のあり方を日本の量的調査でいかにとらえるか――大阪市民調査に向けた準備調査における項目の検討と本調査の結果」をご覧ください。

この調査では、性的指向のアイデンティティについて「アセクシュアル・無性愛〔誰に対しても性愛感情を抱かない人〕」と回答した人は全体の０・９％でした。つまり現時点の研究からは、**日本のアセクシュアル人口割合はだいたい０・９％前後**だと考えることができます。ちなみにこの調査では、「ゲイ・レズビアン」は０・４％、「バイセクシュアル・両性愛者」は１・８％であり、また「トランスジェンダー」は０・６％となっています。

別の調査として、２０１９年に実施された「大阪市民の働き方と暮らしの多様性と共生にかんするアンケート」（釜野ほか2019）も挙げられます。この調査では、性的指向のアイデンティティについて「アセクシュアル・無性愛者」と回答した人は全体の０・８％でした。この数値も全国調査と近い値ですので、やはりアセクシュアル人口はおおむねこのぐらいの割合だと考えてよさそうです。

とはいえ全国調査は２０２５年１月の時点で詳しい分析がまだ公開されておらず、結果概要の資料ではアロマンティックや恋愛的指向についての分析はなされていません。これに対して大阪市民調査には、性的惹かれと恋愛感情についての設問が含まれています。こちらはすでに詳しい分析が論文として公開されていますので、そのデータを見ていきましょう。

アセクシュアルとアロマンティックの割合――大阪市民調査から

ところで、Aro/Ace の人口割合を調べるうえで注意しなければならない点があります。それは、どの指標を用いるかによって数値が変わってくるという点です。大阪市民調査では、アイデンティティ（本人の自認）、性的／恋愛的惹かれの経験、性行動という3つを別々の設問でたずねていました。しかしこの3問の回答結果は一致していません。たとえばアセクシュアルを自認しているが性交渉をしたことはあるという人や、性的惹かれを経験したことがないがアセクシュアルを自認していないという人などがいます。そのため、Aro/Ace についての統計を見る場合は、どのような設問で Aro/Ace の数値を調べているかに留意する必要があります。

そのうえで、まずはアセクシュアルと性別の関係についての数値を見ていきましょう。出生時の性別で分けた数値では、「アセクシュアル・無性愛者」を自認している人の割合は女性1・1％、男性0・3％となっています。出生時に割り当てられた性別が女性である人のほうが、男性である人よりも、アセクシュアルを自認している人の割合が高いことが分かります。

このほかにも恋愛感情と性的惹かれについてのデータがありますので、こちらも出生時性別に分けた数値を見てみましょう。恋愛感情について、これまでに「男女どちらにも恋愛感情を抱いたことがない」と答えた人の割合は女性2・9％、男性2・0％となっています。性的惹かれでは、これまでに「男女どちらにも性的に惹かれたことがない」人の割合は女性4・0％、男性1・5％でした。こちらもアイデンティティと同じく、出生時女性のほうが割合が高くなっています。

ここまでは調査報告書で公開されているデータでしたが、大阪市民調査については、社会学者の平森大規と釜野さおりがさらに詳しい分析を公開しています（Hiramori and Kamano 2024）。以下ではその分析結果の一部を紹介します。

まずは性的惹かれと恋愛感情をどちらも経験したことがない人の割合は、全回答者のうち1・6％（出生時女性2・1％、出生時男性0・9％）でした。これはアイデンティティではなく、惹かれに注目した数値であるという点に留意が必要です。とはいえ、アロマンティック・アセクシュアルの人の割合を示す数値として参考になるものです。

次に、恋愛感情は経験したことはありつつ、性的惹かれの経験はないという人について、こちらは全回答者のうち1・3％（出生時女性1・8％、出生時男性0・6％）でした。こちらも惹

図表3　シス男女における性的指向アイデンティティごとの性的惹かれ、恋愛感情、性行動（これまで）（%）

（Hiramori and Kamano 2024: 18）

	異性愛者		ゲイ・レズビアン同性愛者		バイセクシュアル		アセクシュアル		決めたくない・決めていない		質問の意味がわからない		無回答		合計	
	女性	男性	女性	男性	女性	男性	女性	男性	女性	男性	女性	男性	女性	男性	女性	男性
n	2,080	1,481	5	22	39	17	24	3	154	54	171	150	24	15	2,497	1,742
合計（%）	83.3	85.0	0.2	1.3	1.6	1.0	1.0	0.2	6.2	3.1	6.8	8.6	1.0	0.9	100.0	100.0
性的惹かれ																
異性のみ	94.0	97.0	0.0	0.0	23.1	23.5	37.5	33.3	40.3	75.9	80.7	80.7	45.8	66.7	87.5	92.7
ほとんどが異性	2.9	1.5	20.0	0.0	33.3	17.6	4.2	0.0	33.1	20.4	4.1	4.7	4.2	0.0	5.4	2.5
両性に等しく	0.2	0.0	0.0	0.0	23.1	41.2	4.2	0.0	6.5	1.9	1.2	1.3	0.0	0.0	1.1	0.6
ほとんどが同性	0.0	0.0	0.0	13.6	12.8	17.6	0.0	0.0	1.3	0.0	0.0	0.0	0.0	0.0	0.3	0.3
同性のみ	0.0	0.3	80.0	86.4	0.0	0.0	0.0	0.0	0.0	0.0	0.0	0.0	0.0	0.0	0.2	1.3
惹かれはない	2.1	0.8	0.0	0.0	7.7	0.0	54.2	66.7	16.9	1.9	6.4	6.7	0.0	0.0	3.8	1.4
無回答	0.8	0.4	0.0	0.0	0.0	0.0	0.0	0.0	1.9	0.0	7.6	6.7	50.0	33.3	1.8	1.2
恋愛感情																
異性のみ	94.9	96.4	0.0	0.0	20.5	23.5	45.8	66.7	50.6	74.1	80.7	83.3	45.8	66.7	88.9	92.3
ほとんどが異性	2.8	1.4	20.0	0.0	46.2	23.5	16.7	0.0	32.5	20.4	4.7	5.3	0.0	0.0	5.6	2.5
両性に等しく	0.0	0.1	0.0	0.0	23.1	41.2	0.0	0.0	4.5	1.9	1.2	1.3	8.3	0.0	0.8	0.6
ほとんどが同性	0.0	0.1	0.0	45.5	7.7	11.8	0.0	0.0	0.6	0.0	0.0	0.0	0.0	0.0	0.2	0.7
同性のみ	0.0	0.2	80.0	54.5	0.0	0.0	0.0	0.0	0.0	0.0	0.0	0.0	0.0	0.0	0.2	0.9
恋愛感情はない	1.5	1.6	0.0	0.0	2.6	0.0	37.5	33.3	10.4	3.7	6.4	4.0	0.0	0.0	2.7	1.9
無回答	0.7	0.3	0.0	0.0	0.0	0.0	0.0	0.0	1.3	0.0	7.0	6.0	45.8	33.3	1.6	1.1
性行動																
異性のみ	92.8	93.5	0.0	0.0	51.3	35.3	33.3	0.0	66.2	79.6	81.3	82.0	41.7	66.7	88.5	90.0
ほとんどが異性	0.8	0.5	40.0	0.0	20.5	23.5	8.3	0.0	5.8	3.7	1.2	0.0	0.0	0.0	1.6	0.8
両性に等しく	0.0	0.0	0.0	0.0	7.7	17.6	0.0	0.0	1.3	1.9	0.0	0.7	0.0	0.0	0.2	0.3
ほとんどが同性	0.0	0.1	20.0	13.6	7.7	5.9	0.0	0.0	1.3	0.0	0.0	0.0	0.0	0.0	0.2	0.3
同性のみ	0.0	0.2	40.0	86.4	7.7	0.0	4.2	0.0	0.0	1.9	0.0	0.0	0.0	0.0	0.2	1.3
性行動はない	4.9	5.2	0.0	0.0	5.1	17.6	50.0	100.0	22.1	13.0	9.4	12.0	0.0	0.0	6.7	6.2
無回答	1.4	0.5	0.0	0.0	0.0	0.0	4.2	0.0	3.2	0.0	8.2	5.3	54.2	33.3	2.5	1.1

かれに注目した数値ですが、ロマンティック・アセクシュアルの人の割合はこのぐらいだと言うことができます。

さらに平森たちは、アロマンティックかつセクシュアルという人に関する分析もしています。それによると、性的惹かれを経験したことがありつつ、恋愛的惹かれの経験はないという人の割合は、全回答者の0・8%（出生時女性0・7%、出生時男性1・0%）でした。こちらも惹かれに注目した数値ですが、アロマンティック・セクシュアルの人もこのぐらいいることが見て取れます。

このほか、平森たちは、シスジェンダー（トランスジェンダーではない人のこと。出生時に割り当てられた性別と同じ性別を生きている人）の男女について、性的指向アイデンティティごとの性的惹かれ、恋愛感情、性行動に関する回答を分析しています（図表3）。

シスジェンダーでアセクシュアル自認の人々は、半数以上が性的惹かれを経験したことがないと回答していますが、他方で3割以上が異性のみに性的に惹かれると回答しています。恋愛感情については、ないという人が3割であるのに対して、異性のみに恋愛感情を抱くという人が半数前後となっており、むしろ後者のほうが多いという結果でした。

Aro/Ace 調査から分かること

Aro/Ace 調査とは

以上の調査からも、Aro/Ace のなかに多様なあり方が見られることが分かります。ですが全国調査や大阪市民調査は、あくまで「日本国民」「大阪市民全体」を対象とする調査です。こうした調査から分かるデータは、あくまで社会における Aro/Ace の人の割合や、Aro/Ace の人々とそれ以外の人々の比較です。つまり Aro/Ace の人々だけを調査したものではないので Aro/Ace の人々の回答はごく少数しか得られません。

そこで Aro/Ace の人々の声をより多く集めるために行われたのが、As Loop（旧 Aro/Ace 調査実行委員会）による2020年と2022年の「アロマンティック／アセクシュアル・スペクトラム調査」（略称は Aro/Ace 調査）です。この調査は「① Aro/Ace の可視化を促す」、「② Aro/Ace コミュニティに集まる人たちの多様性について議論するための情報を収集する」、「③ Aro/Ace に関する情報を提供し、学術研究の発展や Aro/Ace に関する運動の活性化に寄与する」ことを目的に行われたものです（三宅ほか 2023: 11）。具体的には、ウェブ上のアンケートフォームをSNSで拡散し、Aro/Ace の人々の回答を募るというもので、2020年調査では１６８５件、２０２２年調査では２３１８件の有効回答が集まりました。

この調査はＳＮＳでのAro/Aceコミュニティを対象とする調査です。日本の人口全体を対象とする調査ではないので、日本の人口に占める割合を測ることはできません。ですがコミュニティ調査は、そのコミュニティにいる人々の多様な声を集めることができます。つまり偏りはあるものの、多様で詳しい回答を得ることができるのです。

この調査については、２０２０年版と２０２２年版の報告書がそれぞれウェブ公開されています。また２０２０年調査については、三宅大二郎と平森大規が詳しく分析して、論文にまとめています（三宅・平森 2021、三宅・平森 2023）。そのため以下では、単純集計については２０２２年調査のデータから、そして報告書にない踏み込んだ分析については三宅・平森による２０２０年調査の分析から、それぞれ分かることを説明していきます。

ジェンダー

まず回答者の性別ですが、シスジェンダー女性61・３％、シスジェンダー男性３・４％、非シスジェンダー35・３％でした（三宅ほか 2024: 181）。Aro/Aceコミュニティにはシスジェンダー女性が多く、次いで非シスジェンダーが比較的多く、シスジェンダー男性が少ないという結果です。ちなみに２０２３年の全国調査によれば、日本全体では98・７％がシスジェンダーですので、Aro/Aceコミュニティは日本社会全体と比べると非シスジェンダーの割合がかなり高いと言えます。

さらにAro/Ace調査では、非シスジェンダーの回答者に対しては、自分を説明する言葉として「Xジェンダー」や「トランスジェンダー」を使っているかをたずねています（複数回答）。その結果、非シスジェンダーの回答者のうち、「ノンバイナリー」を選択した人が49・6％、「Xジェンダー」を選択した人が28・8％、「トランスジェンダー」が5・5％、「どれも使っていない」が36・3％でした。Aro/Aceコミュニティでは非シスジェンダーが比較的多く、なかでもノンバイナリーやXジェンダーの人が多いと言えます。

さらに惹かれの有無だけでなく、惹かれの仕方にも一部でジェンダーによる差がありました（三宅・平森2021：221-222）。まず、シスジェンダー男性と比べると、デミロマンティックやリスロマンティックがシスジェンダー女性と非シスジェンダーに多いという傾向が見られました。これに対してシスジェンダー男性の場合、シスジェンダー女性や非シスジェンダーに比べると、ロマンティックを自認する割合が高いという結果でした。また恋愛的惹かれほどの明確な違いではありませんが、性的惹かれについてもジェンダーによる差がありました。

ジェンダーによって割合に差が出る理由については、さまざまな要因が考えられますが、まだ断定できるほど研究が蓄積されているわけではありません。とはいえジェンダーをめぐる規範がAro/Aceとも深く関わっていることは指摘されています。この点については第8章で詳しく説明します。

ジェンダー規範以外の論点として、三宅たちは、アセクシュアルやアロマンティックという言葉を知る機会に関する要因を挙げています（三宅・平森 2021: 226）。仮に自分のセクシュアリティについて違和感を覚えたとしても、それを表す言葉を知る機会がなければ、自認にいたらないこともあります。とくに社会一般では、アセクシュアルやアロマンティックという言葉は、いわゆるLGBTと比べると知名度が低いです。ですが性的マイノリティのコミュニティのなかであれば、社会一般よりもAro/Aceについての言葉が使われているはずです。そのため、シスジェンダーでないことによる違和感をきっかけとして、性的マイノリティについて調べていくなかで、さらにAro/Aceとしての自認にいたる、という可能性が考えられます。つまりAro/Aceについての知名度が低いという環境要因があるかもしれないということです。

年齢、地域

Aro/Aceの知名度という問題は、ジェンダーだけでなく年齢や居住地域による違いにも現れています。Aro/Ace調査２０２２の年齢の割合を見ると、「13歳から18歳」が４・１％、「19歳から22歳」が22・８％、「23歳から25歳」が18・８％、「26歳から29歳」が23・０％となっており、ここまでの年齢層で全体の7割弱を占めています。また30代は25・5%、40歳以上は5・6%となっていました。

また居住地域に関しては、「東京都」24・2%、「南関東（東京都を除く）」23・5%、「近畿」15・4%が多いという結果でした。それ以外の地域では、「北海道」が3・5%、「東北」が4・5%、「北関東・甲信」が5・5%、「北陸」が2・7%、「東海」が9・0%、「中国」が3・3%、「四国」が1・0%、「九州・沖縄」が5・7%、「日本以外」が1・5%です。

まず関東在住者が多い理由として、As Loopが東京を中心に活動しているという影響があるかもしれません。つまり東京を拠点とする団体による調査であることの偏りが考えられます。また、SNSで回答を集めたため、よりSNS利用率の高い若者が多くなったことも考えられます。

これに加えて三宅たちは、インターネット以外でAro/Aceに関するまとまった情報を得ることが難しい、という問題を指摘しています（三宅・平森 2021: 226）。Aro/Aceに関する書籍や雑誌記事は、すこしずつ刊行されているとはいえ、まだ数がかぎられています（テレビも同様でしょう）。そのためAro/Aceに関する情報は主にインターネットで得ることになるため、よりインターネットを使う若年層のほうがAro/Ace自認につながりやすいという可能性があるのです。

ただし、Aro/Aceは「最近の若者」の「流行」だという考えは誤解である、という点に注意が必要です。Aro/Ace調査2020でも60代の回答者がいます。また別の調査ですが、自認ではなく惹かれを基準とした調査では、アセクシュアルと非アセクシュアルで年齢差がほとんど見られないという結果が出たこともあります（Bogaert 2004）。つまりAro/Aceを自認する人は若年層に多くなるかもしれませんが、性的惹かれや恋愛的惹かれを経験しないという人はどの年齢層にもいると考えられるのです。

自認の時期

情報の偏りに関わるものとして、何歳からAro/Aceだと自認するようになったかという問題があります。Aro/Ace調査2022では、自分の恋愛または性愛のあり方が周囲と違うと初めて感じた年齢について調査しています。それによれば、「17歳以下」という回答が46・5%、「18歳から29歳」が47・5%、「30歳から39歳」が5・2%、「40歳以上」が0・7%でした。「17歳以下」という回答と「18歳から29歳」という回答がそれぞれ半数近くを占めています（三宅ほか 2024: 186）。

これに対して、初めてAro/Aceを知った年齢を問う質問では、「17歳以下」が17・3%、「18歳から29歳」が68・9%、「30歳から39歳」が11・0%、「40歳以上」が2・8%となっています（三宅ほか 2024: 186）。つまり、半数近くの人が10代で違和感を覚え始めているのに対して、Aro/Aceという言葉を知るのは20代が多いということです。同じ傾向が、Aro/Aceとして自認した年齢についても言えます。実際に自認した年齢についてたずねたところ、「17歳以下」で自認した人が11・1％、「18歳から29歳」が72・5％、「30歳から39歳」が13・8％、40歳以上が2・7％でした。周囲との違いを感じ始めても、Aro/Aceについての情報を得る機会がまだまだかぎられていることが見て取れます。

これと関連して、Aro/Aceを自認するようになる前には別のセクシュアリティを自認していた、という人もいます。実際に、Aro/Ace調査２０２２では、３割以上の回答者が過去に異性愛者を自認していました。どのようなアイデンティティを自認するようになるかは、本人だけの問題ではなく、周囲の環境や情報にも左右されます。過去に違うセクシュアリティを自認していたからといって、Aro/Aceにはなりえないというわけではないのです。この点についても、Aro/Aceのなかにはいろいろな人がいるということを意識しておくべきでしょう。

性的／恋愛的なことがらに対する欲望や嫌悪感についての調査

ここまでは主に回答者の属性に関する設問を取り上げてきました。これに加えてAro/Ace調査には、性的あるいは恋愛的な行為や欲望についての調査も含まれています。そうした行為をしているかどうか、欲望を持っているかどうか、あるいはそうしたことがらに嫌悪感を抱いているかどうか、といったことについての設問を見ていきたいと思います。

性欲／自慰行為／性交欲の有無

まず「性欲」があると思うかどうか、という設問です。これに対する回答では、ほかのマイクロラベルの人やアローセクシュアルの人と比べると、アセクシュアルの人のほうが「性欲がある」と思う人が少ない傾向があります。とはいえアセクシュアルの人の7割近くが「性欲があると思う」「やや思う」と回答していました（図表4）。

この調査では「性欲」を定義せずに、回答者たちが「性欲」だと思うものについてたずねています。そのためこの調査からは、回答者たちが「性欲」をどのようなものと考えているのかは分かりません。ですが、調査結果からは、アセクシュアルだからといって「性欲」がないというわけではない、ということが分かります。より正確には、「性欲」は「性的惹かれ」とは異なる概念であり、「性欲」という概念はアセクシュアルか否かを分ける基準にはなっていない、ということです。

Aro/Ace調査には、自慰行為の頻度を問う設問もあります。それによると、アセクシュアル自認の人のほうが、ほかのマイクロラベルを自認する人やアローセクシュアルの人と比べて、

図表4　Aceアイデンティティ別にみた、性欲があると思うか否かの分布（三宅ほか 2023: 83）

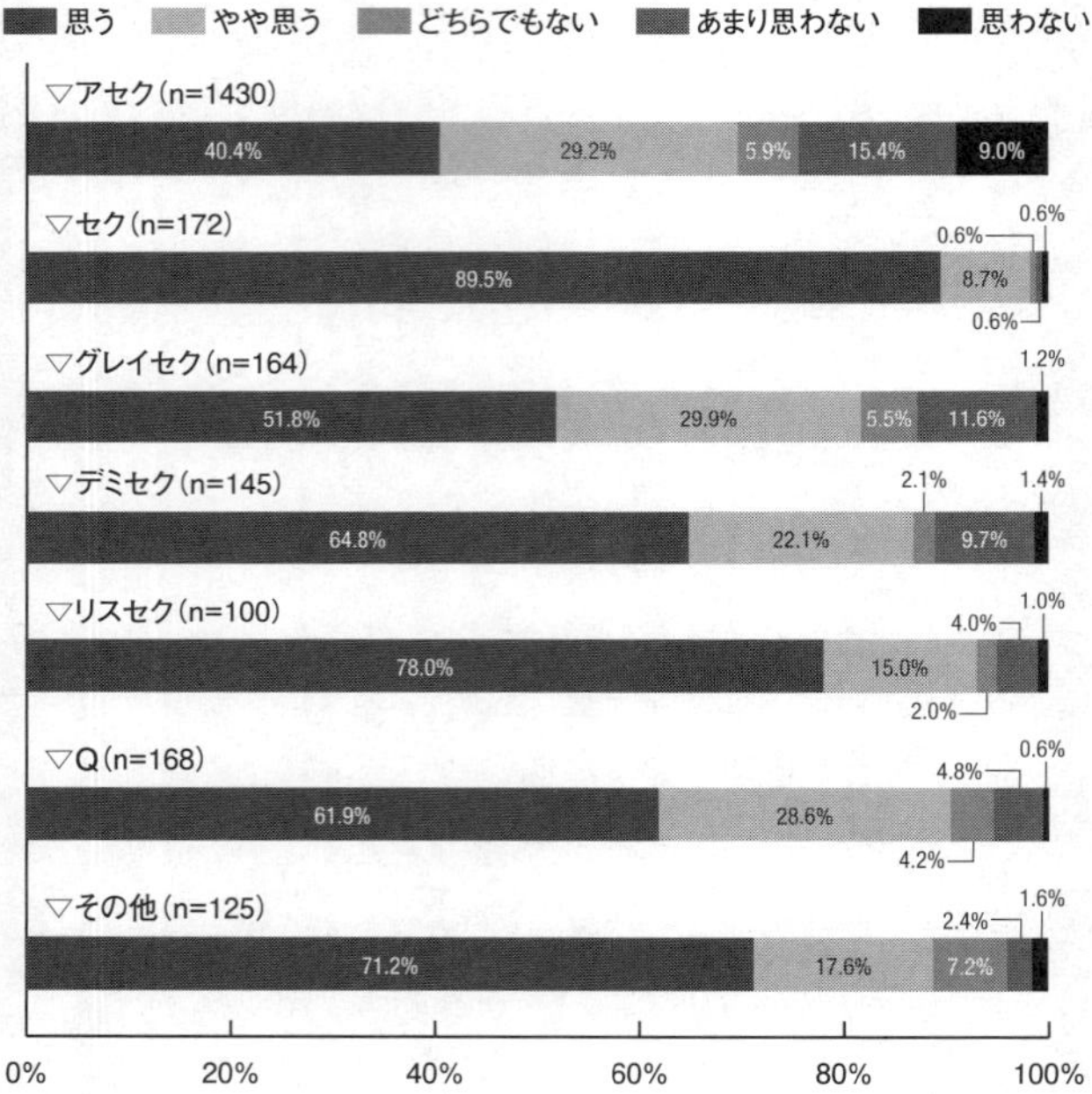

自慰行為の頻度が低い傾向があります。ただしAro/Ace調査の回答者では、アセクシュアルを自認している人でも、半数以上の人が月に1回以上自慰行為をしています（図表5）。

　アセクシュアルの人のほうが自慰行為の頻度が低い傾向はありますが、アセクシュアルだからといって自慰をまったくしないとはかぎらない、ということが分かります。自慰行為の頻度とアセク

図表5　Aceアイデンティティ別にみた、自慰行為の頻度の分布（三宅ほか 2023: 277）

アセク (n=1284)	セク (n=168)	グレイセク (n=152)	デミセク (n=133)	リスセク (n=94)	Q (n=140)	その他 (n=116)
一度も自慰行為をしたことがない						
19.1%	1.8%	5.3%	3.8%	6.4%	10.0%	9.5%
以前は自慰行為をしていたが、現在はしていない						
6.9%	1.2%	7.9%	3.0%	7.4%	2.1%	2.6%
年に数回以下						
8.1%	1.2%	9.2%	6.8%	6.4%	5.0%	1.7%
3カ月に少なくとも1回						
8.3%	3.6%	7.9%	6.0%	6.4%	4.3%	3.4%
月に少なくとも1回						
16.7%	10.1%	15.1%	18.0%	8.5%	24.3%	12.1%
半月に少なくとも1回						
11.2%	13.1%	10.5%	13.5%	14.9%	12.1%	15.5%
週に少なくとも1回						
12.6%	26.2%	21.1%	17.3%	23.4%	13.6%	17.2%
週に2〜3回						
9.3%	18.5%	10.5%	17.3%	18.1%	17.1%	21.6%
週に4〜5回						
3.9%	12.5%	7.9%	9.0%	4.3%	7.1%	6.0%
日に1回程度						
1.6%	5.4%	3.3%	3.8%	4.3%	1.4%	4.3%
日に2回以上						
0.8%	6.5%	0.7%	0.8%	0.0%	2.1%	2.6%
その他						
1.5%	0.0%	0.7%	0.8%	0.0%	0.7%	3.4%

シュアル自認にはある程度の関連が見られますが、自慰行為の有無によってアセクシュアルを自認するか否かが決まるわけではありません。ちなみに自慰行為をする動機にもさまざまなものが含まれていますが、この点についても後で説明したいと思います。

これに対して、「他者と性行為をしようと思うこと」があるかという設問では、アセクシュアルの人の9割以上が「ない」「あまりない」と回答しています（図表6）。これは「性欲」や自慰行為についての設問とは大きく異なる傾向です。このことから、他者と性行為をしたいという欲望（性交欲）は、いわゆる「性欲」とは区別されていると言えるでしょう。

そしてこの調査結果から、現在のAro/Aceコミュニティでは、性交欲がないということが、アセクシュアルを自認したりAro/Aceコミュニティに参入したりしようと考える基準になっている様子がうかがえます。つまり「性欲」や「自慰」の有無がアセクシュアル自認と矛盾しない一方で、性交欲はアセクシュアル自認と強く関連しているということです。ちなみにこの傾向は英語圏の調査とも共通しています（三宅・平森 2021: 227）。

ただし少数派ではありますが、「他者と性行為をしようと思うこと」があるというアセクシュアルの人もいることを無視してはなりません。後で触れますが、性交をしようと思う動機にはさまざまなものがあります。性的惹かれ以外の理由で性交をすることもあるのです。

第1章で述べたように、アセクシュアルの定義でよく用いられる基準は「性的惹かれ」の有

図表6　Aceアイデンティティ別にみた、他の人と性行為をしようと思うか否かの分布（三宅ほか 2023: 82）

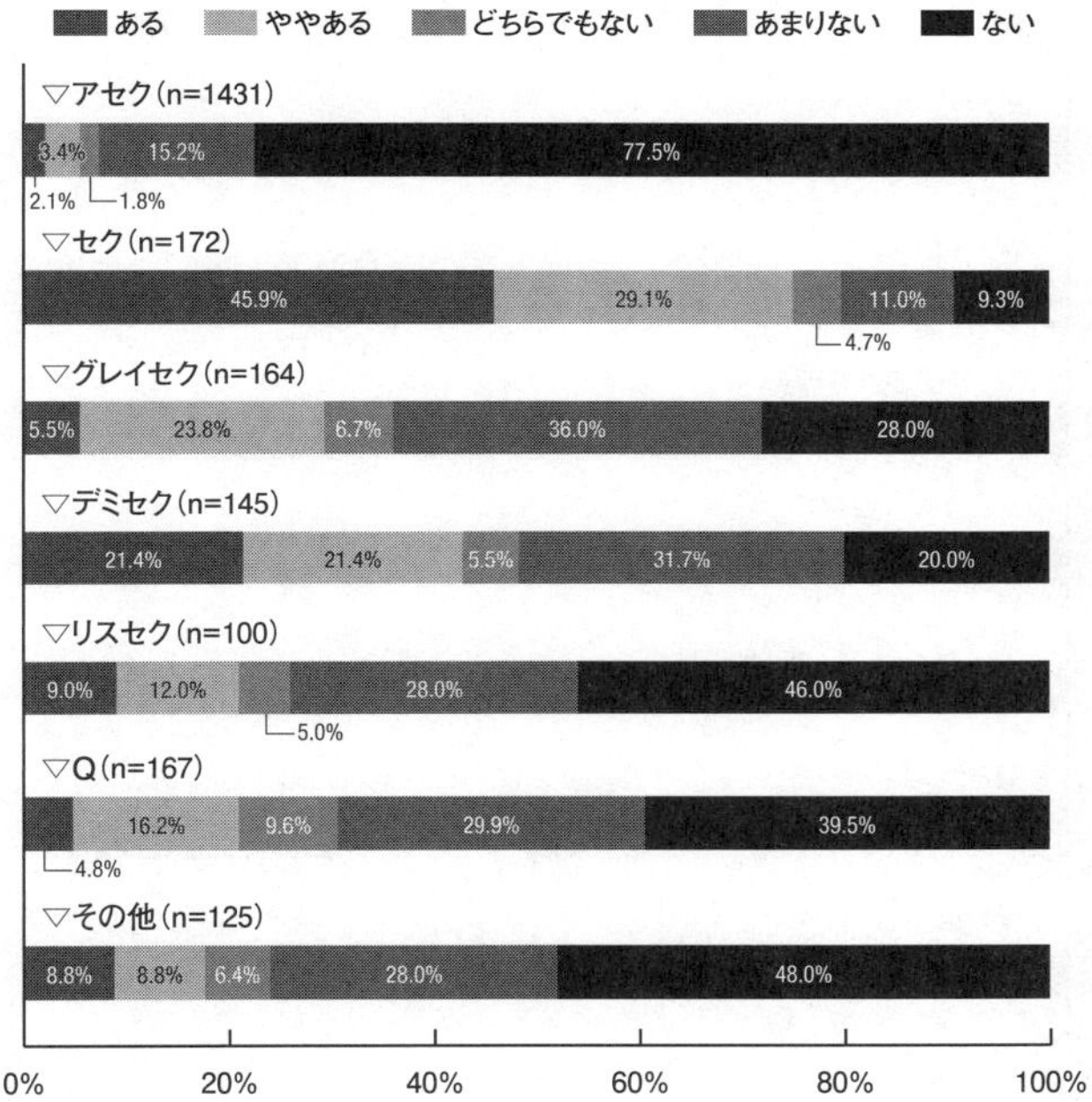

無です。そのため、性的惹かれ以外の理由で性交渉をしたいと思う人もいると考えられます。性交欲があるならアセクシュアルではないはずだ、と第三者が勝手に決めつけるべきではない、という点に注意しておきましょう。

アロマンティック・スペクトラムと恋愛的欲望

ここまでは性的なことがらについての設問でし

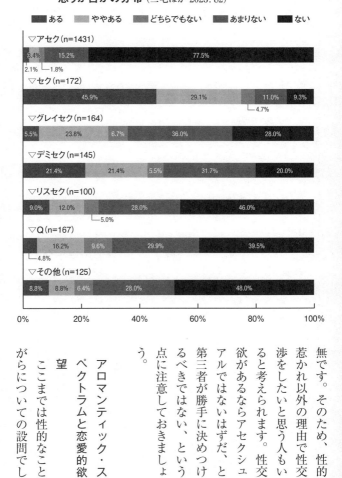

図表7　Aroアイデンティティ別にみた、付き合いたいと思うことがあるか否かの分布（三宅ほか 2023: 61）

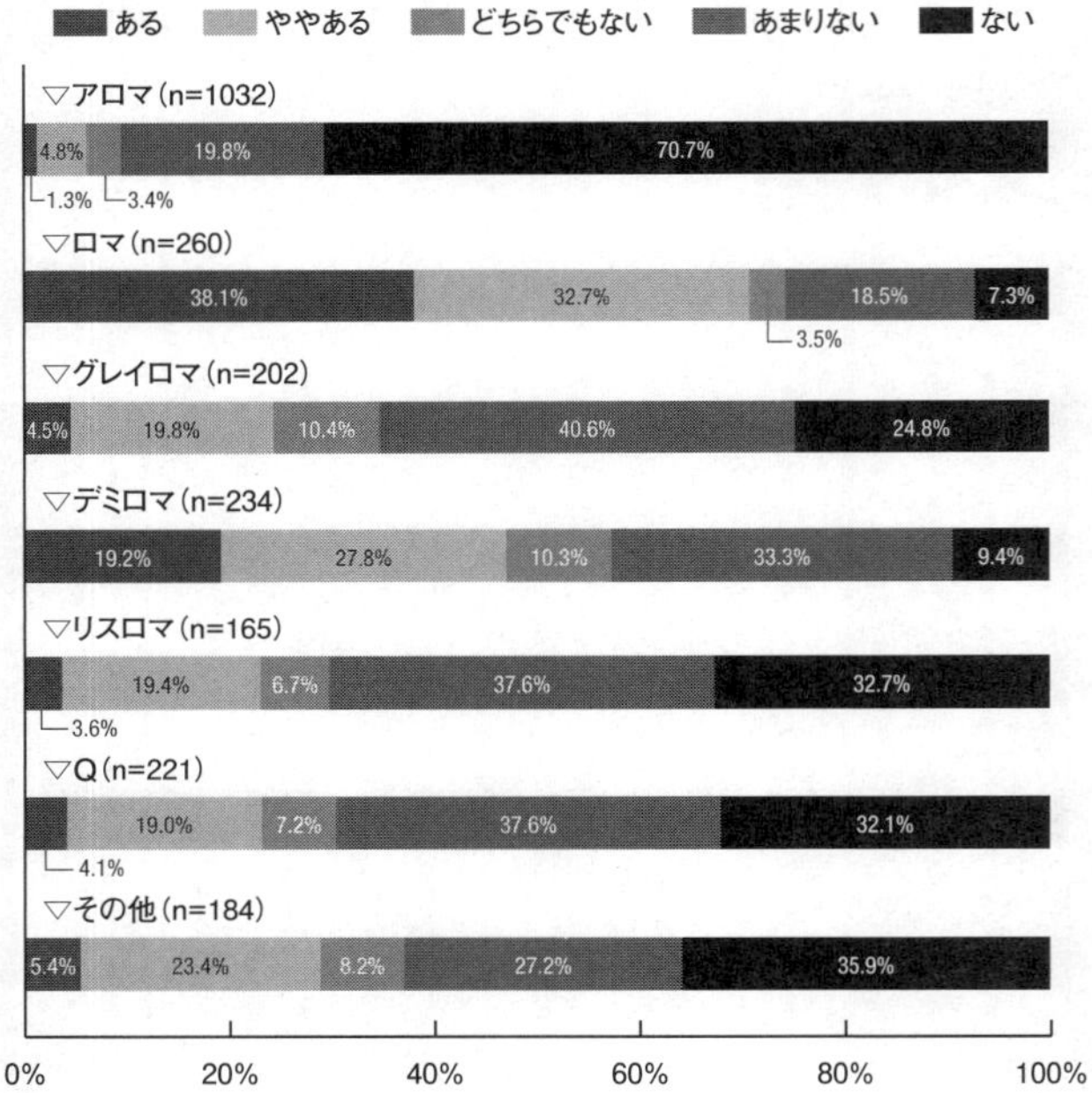

たが、次は恋愛に関する設問を見ていきます。まずは交際欲、つまり「特定の人と付き合いたいと思うことがあるか」という設問です。この設問に、アロマンティックの人では9割が「ない」「あまりない」と答えています。これに対して、恋愛的惹かれがあるロマンティックの人々では、「ある」と「ややある」の合計が7割となっています（図表7）。カテゴリーによって交際欲の傾向には差

図表8　Aroアイデンティティ別にみた、胸がドキドキすることがあるか否かの分布（三宅ほか 2023: 64）

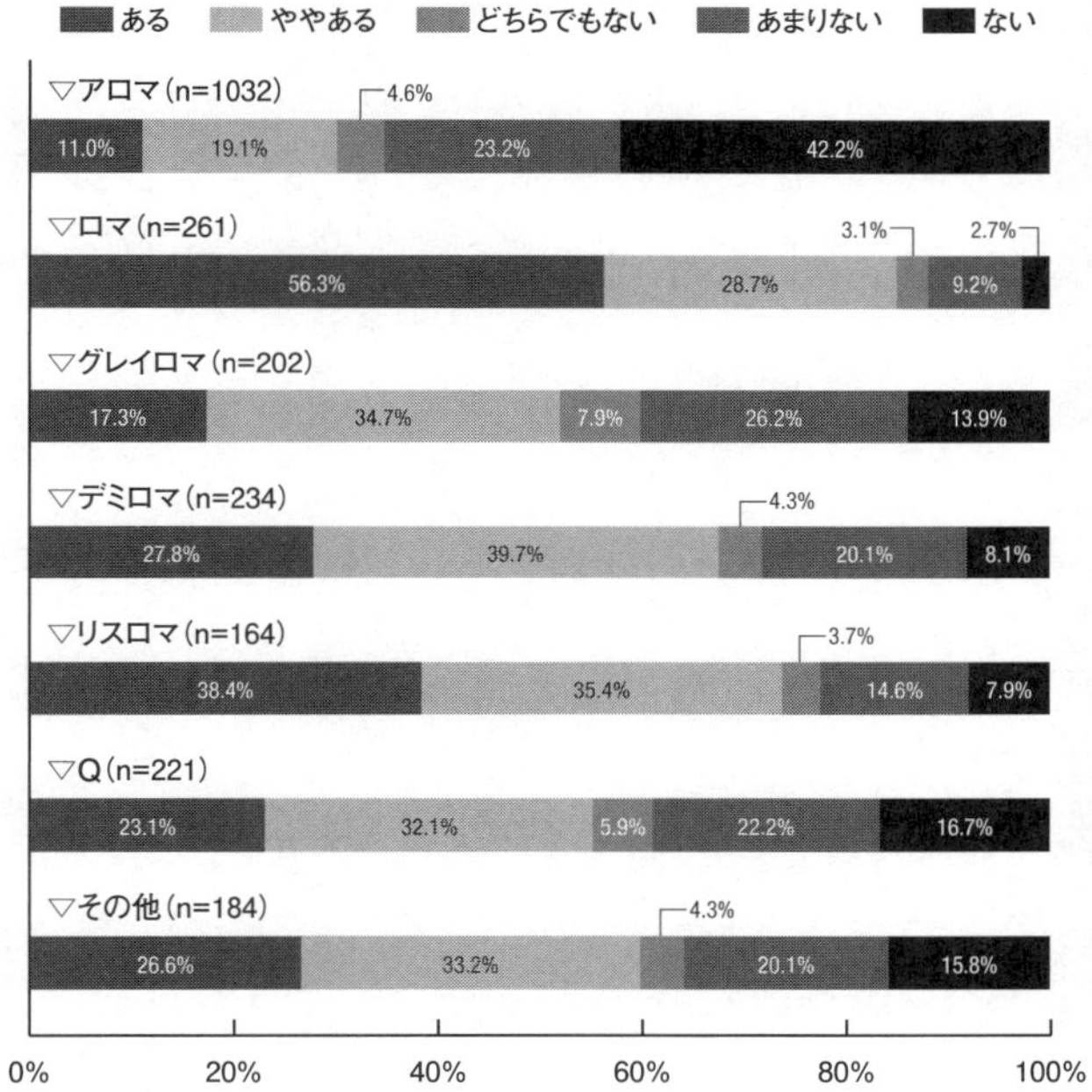

があり、とくにアロマンティックの人々は交際欲が低いと言えそうです。

また、「特定の人に対して胸がドキドキすることがあるか」という設問では、アロマンティックでは「ない」「あまりない」の合計が約65%となっているのに対して、ロマンティックでは「ある」「ややある」の合計が85%となっています（図表8）。こちらも基本的には交際欲と同じような傾向があると言えます。

ただし、「付き合いたい」よりも「ドキドキ」のほうが、「ある」と答える割合が高いという点は、考察の余地がありそうです。まず、この調査で言う「ドキドキ」は、必ずしも恋愛にかぎられるものではなく、たとえば「憧れ」のような恋愛以外の好意も含む可能性があります。

さらに言えば、「付き合いたい」と「ドキドキ」は別物だということも考えられます。すなわち、他者に恋愛的に惹かれること、恋愛しているときのような身体反応が生じること、交際を望むことは、それぞれ区別できるかもしれないということです。この点については後で詳しく議論してみたいと思います。

嫌悪感のあるもの

第1章で、Aro/Aceと性嫌悪は異なる概念だと説明しました。アセクシュアルだから性的なことがらを嫌悪しているとか、アロマンティックだから恋愛に関することがらを嫌悪している、と決めつけてはいけません。もちろん逆も同じで、「お前はただ性的なことや恋愛的なことを嫌悪しているだけなのだから、Aro/Aceではない」と決めつけることもダメです。この点についてのデータを見てみましょう。Aro/Ace調査では、恋愛要素のあることがらに対する嫌悪感と、性的要素のあることがらに対する嫌悪感についてもたずねています。その結果を

図表9　恋愛要素のあることに対する嫌悪感の分布
（三宅ほか 2023: 182）

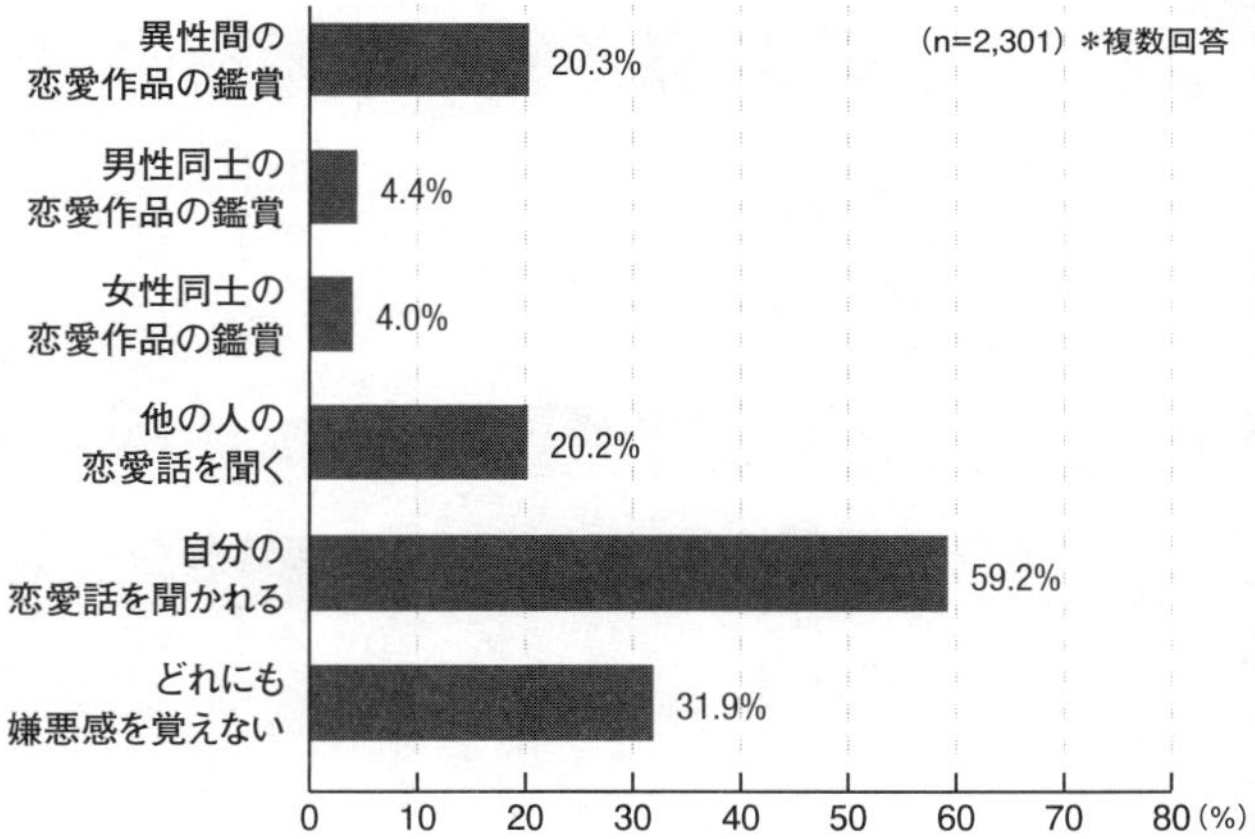

まとめたのが図表9・10です。

まず性的要素と恋愛要素に共通する傾向として、自分の性的な話や恋愛話を聞かれることに嫌悪感を抱く人が多いというものが挙げられます。このような話題はただでさえセンシティブなものです。そのうえ、Aro/Ace の人々は世間一般の人々とは違う経験や感覚を持っていることがあるため、さらに語りにくいという可能性があります。それに加えて、Aro/Ace の人々は、性的／恋愛的な経験や感覚がないと語っても、相手から信じてもらえないことがしばしばあります（この話は後の章でも触れます）。こうした状況もまた、自身のことを聞かれることへの嫌悪感につながると考えられます。

図表10　性的要素のあることに対する嫌悪感の分布
(三宅ほか 2023: 183)

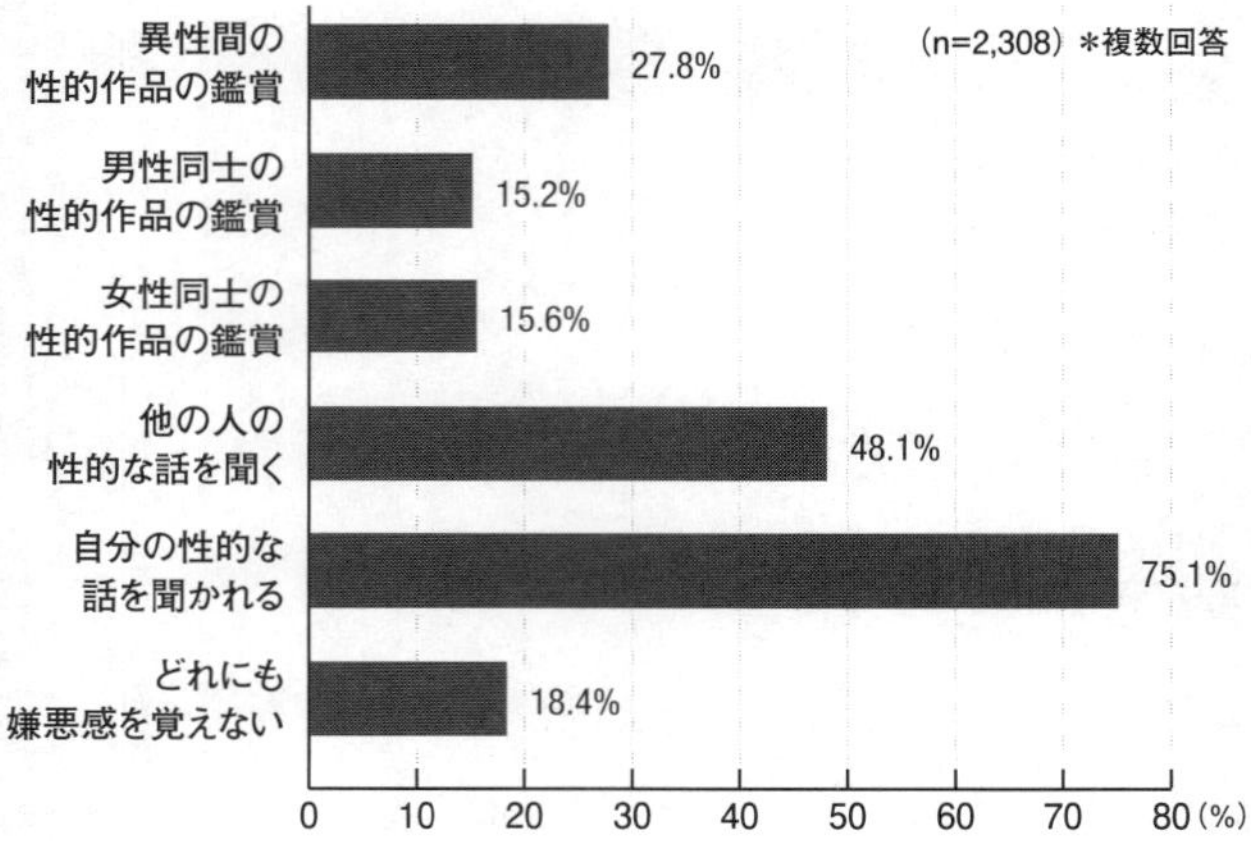

もうひとつの傾向として、同性同士での性的作品や恋愛作品に対する嫌悪感よりも、異性間の作品に対する嫌悪感のほうが高いことが挙げられます。理由はいくつか考えられますが、まず単純な話として、異性愛もののほうが接する機会が多いからかもしれません。より頻繁に目に入るほうが、うっとうしさを感じる機会も多くなるでしょう。これに加えて、Aro/Aceコミュニティの人々はほかの性的マイノリティについても知識を持っている傾向があるかもしれません。異性愛が前提とされる社会のなかで、同性愛もまた差別を被っているという知識があることが、嫌悪感の違いにも関わっている可能性が考えられます。

次に、特定の行為を向けられることに対

図表11　特定の行為を受ける嫌悪感の分布
（三宅ほか 2023: 188）

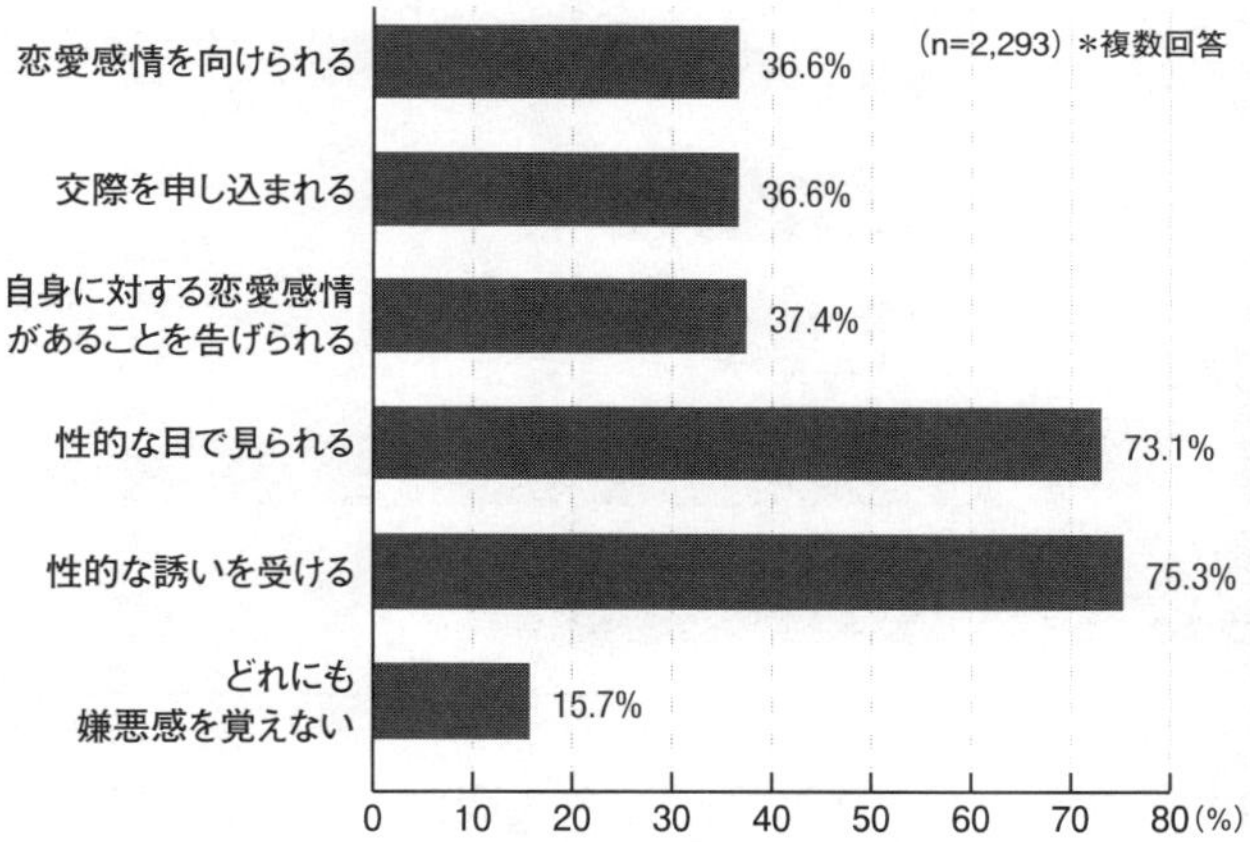

※質問には「誰からであっても（自分が相手に惹かれていても）」という注をつけてたずねた。

する嫌悪感についての調査結果を見てみましょう（図表11）。「性的な目で見られる」「性的な誘いを受ける」ことに対して嫌悪感を抱く人が多い傾向があります。ここで注意してほしいのが、この設問は「自分が相手に惹かれていても」という条件でたずねていることです。つまりAro/Aceの人々のなかでは、相手のことを好ましく思っている場合であっても、こうした行為を受けることに嫌悪感を持つ人が多いのです。

　さらにもうひとつの設問として、身体接触をともなう行為に対する嫌悪感についてたずねたものがあります（図表12）。こちらでは「手をつなぐ」「ハグをする」への嫌悪感が2割程度であるのに対して、

図表12　特定の行為に対する嫌悪感の分布
（三宅ほか 2023: 197）

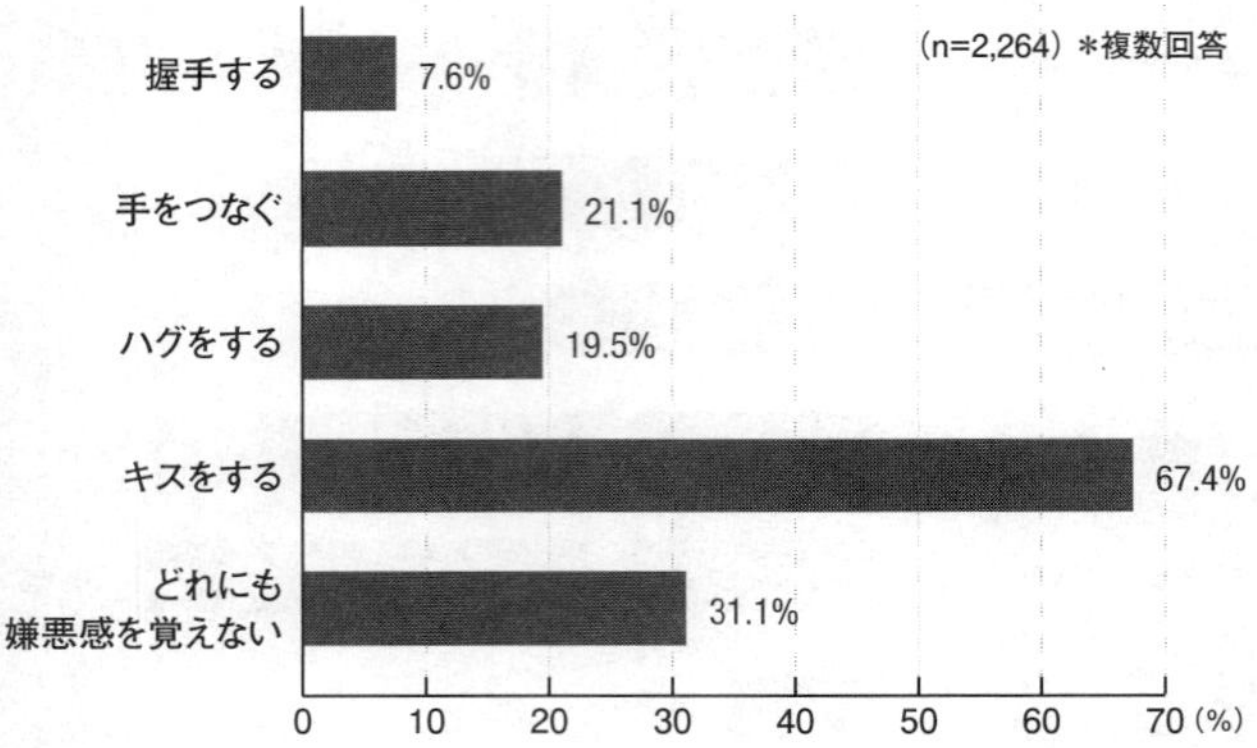

※質問には「誰とであっても（自分が相手に惹かれていても）」という注をつけてたずねた。

「キスをする」への嫌悪感が7割近くあります。身体接触の種類によって、嫌悪感の傾向に差があることが分かります。

そしていずれのデータにも共通する特徴が、性的なもののほうが恋愛要素のあるものよりも嫌悪感を抱く人が多いこと、そして同時にいずれについても嫌悪感を覚えない人が一定数いることです。性的なものや恋愛要素のあるものが、各人にとってどのような意味を持っているかは、Aro/Aceの人々のなかでも異なります。「Aro/Aceだからこうだろう」という素朴な固定観念に陥らないようにすることが重要です。

「性的」なるものを捉え直す

一般的に「性的」とされることがらについても

ここまでのデータからも分かるように、一口にアセクシュアル（あるいはアセクシュアル・スペクトラム）といっても、性的なことがらに対する態度は人によって多様です。英語圏の先行研究でも、アセクシュアルのなかには、性的なことがらをポジティブなものとして捉える人もいれば、とくに関心がなくニュートラルに捉えている人もおり、嫌悪感を覚える人もいる、と指摘されてきました（Carrigan 2011）。

これに対して、「性的なことに関心があったり、性的なことをしたりする人が、なぜアセクシュアルだというのか？」と疑問に思う人もいるかもしれません。このような疑問に答えるために、いったんデータを離れて、漠然と「性的」とされることがらについて、すこし詳しい考察をしてみたいと思います。

マスターベーション

まずはマスターベーションについて考えてみましょう。マスターベーションというと、快感を得るため、あるいは叶《かな》わない性交渉への渇望を解消するため、といった性的な動機で行われると思われがちです。ですが性的な動機だけでなく、たとえば好奇心で自分の身体の反応を探ることもありますし、かゆいところを掻《か》くようなものとして性器を刺激することもあります。あるいは寝つきをよくするため、退屈を紛らわすため、といった動機でマスターベーションをする場合もあるでしょう。このように、マスターベーションには性的な動機だけでなく非性的な動機があります。

これを踏まえて、マスターベーションの頻度と動機について、アセクシュアルの人々と非アセクシュアル（アローセクシュアル）の人々の比較をした調査があります（Yule, Brotto, and Gorzalka 2017）。その結果、アセクシュアルの人々のほうがマスターベーションする頻度が低い傾向がありつつ、しかしアセクシュアルの人々のなかでもマスターベーションをしたことがある人が多数派でした。これは先ほど触れた日本での Aro/Ace 調査と同じ傾向です。これに加えて、マスターベーションをする動機に関しても、アセクシュアルの人々のほうが、性的快感を挙げる人が少ない傾向にあるという結果でした。

マスターベーションは「性的」な行為だとみなされていますが、必ずしも性的な動機で行われるわけではないと言えます。しかしアセクシュアルの人々のマスターベーションがすべて非性的な動機によるわけではなく、性的快感を動機としてマスターベーションをするアセクシュアルの人々もいます。つまり「性的快感を得たい」という欲望は、性的惹かれとは異なる、ということです（第2章で触れた「方向づけのない性欲動」の議論では、まさにこのことが話題になっていたわけです）。

性的空想

上記の研究では性的空想についても調査しており、こちらもマスターベーションと似た結果が見られました。アセクシュアルの人々のほうが、アローセクシュアルの人々よりも、性的空想をしたことがない人の割合が高い傾向にあります。他方で、アセクシュアルの人々のなかでも性的空想をしたことがある人のほうが多数派でした。

さらにこの研究では、アセクシュアルの人のうちの性的空想をする人たちに対して、その内容を調査しています。そのなかで、アセクシュアルの人々の性的空想について、アローセクシュアルの人々ともっとも大きく異なる特徴として挙げられていたのが、「自身を巻き込まない性的空想をする」傾向が高いというものです。言い換えれば、性的空想はするけれど、その内容に自分が参加したいとは思わない、というあり方です。また、とくにアセクシュアル女性では、実在の人物ではなく架空のキャラクターについて空想するという人の割合が、アローセクシュアル女性と比べて有意に高いという結果も出ていました。

こうした性的空想について、アセクシュアルの人々の具体的な語りの事例として、以下のような回答がありました（Yule, Brotto, and Gorzalka 2017: 316）。

性的空想をすることはありますが、ほとんどの場合、私や実在の人物が出てくるものではありません。私の性的空想は、架空の男性カップルと、かれらの恋愛的で性的な関係や出来事についてのものです。

私は空想に自分を重ねません。それは私にとってまったく心惹かれるものではありません。そのかわり、性的な状況にある他者を想像して、ある種の身代わり的な興奮のために、その人の思考や感覚に焦点を当てるのです。私は、自分が想像した人たちの誰とも性的なことをしたいとは思いませんし、その人たちから性的なことをされたいとも思いません。その人たちは私をその気にさせるわけではないのです。

このようなあり方については、２０１２年に研究者がオートコーリスセクシュアル（autochorissexual：自己無関与性愛）という造語を提案しています（Bogaert 2012）。この言葉が当事者によって使われることもありますが、元の論文ではパラフィリア（性的倒錯）の分類として作られた言葉であるため、当事者が名乗るマイクロラベルとしてエーゴセクシュアル（Aegosexual）という言葉が使われています。「A」は asexual の a と同じく「無」、「ego」は「自己」という意味ですので、「エーゴ」は「自分が関わることのない」といったニュアンスです。

しばしば性的空想は「無意識の欲望」とみなされて、空想の内容を本当は実際にやりたいと思っているに違いないと考えられることがあります。ですが性的空想のなかには、空想をする人自身が実行したいとは思わないタイプの空想があります。このような空想は、哲学の用語を使うと「適合方向（direction of fit）」を持たないファンタジーだと言えます。*1 つまり世界が空想の内容にフィットするよう変化してほしい、とは思わないということです。

性的空想は、自分自身から切り離されたものとして経験したり、現実から切り離されたものとして経験したりすることができます。これによって、いわば現実ではアセクシュアルでありつつ、実際にはやりたくない性的空想や、そもそも実現しようという発想が湧かないような不可能な性的空想をすることが起こりうるのです（Winter-Gray and Hayfield 2021）。

性的欲望は現実の人間との性交渉への欲望に違いない、という固定観念を避けなければなりません。性的空想をめぐっては、「フィクションであること」や「実在しない相手であること」が、現実での性交渉に還元されない独特な効果を持つ場合があるのです。この点はフィクション論やマンガ研究などとも関わる話ですので、最後の章であらためて論じたいと思います。

註

＊1　このような議論は、哲学者ラジャ・ハルワニの『愛・セックス・結婚の哲学』（ハルワニ 2024: 398-404）で紹介されています。

第4章　差別や悩み

アセクシュアルについての統計的な調査から

ここからは話題を変えて、Aro/Ace の人々が被る差別や周縁化について、データをもとに議論していきたいと思います。英語圏ではここ10年の間に、アセクシュアル差別についての研究がある程度蓄積されてきました。最近では日本でもいくつか調査がなされていますので、ここでは主に日本社会の研究について紹介していきます。

まずは2019年に実施された「性的マイノリティについての意識：2019年（第2回）全国調査」を見てみましょう。このアンケート調査のなかには、友人が性的マイノリティだった場合に抵抗感があるかどうかをたずねる設問があります。その結果が以下の図表13です。友人がアセクシュアルの男性である場合やアセクシュアルの女性である場合に、およそ10%の人が抵抗感を抱くという結果でした。ほかの性的マイノリティと比べると、抵抗感を持たれる割

図表13　友人が性的マイノリティだった場合の抵抗感の回答分布

（釜野 2022: 96）

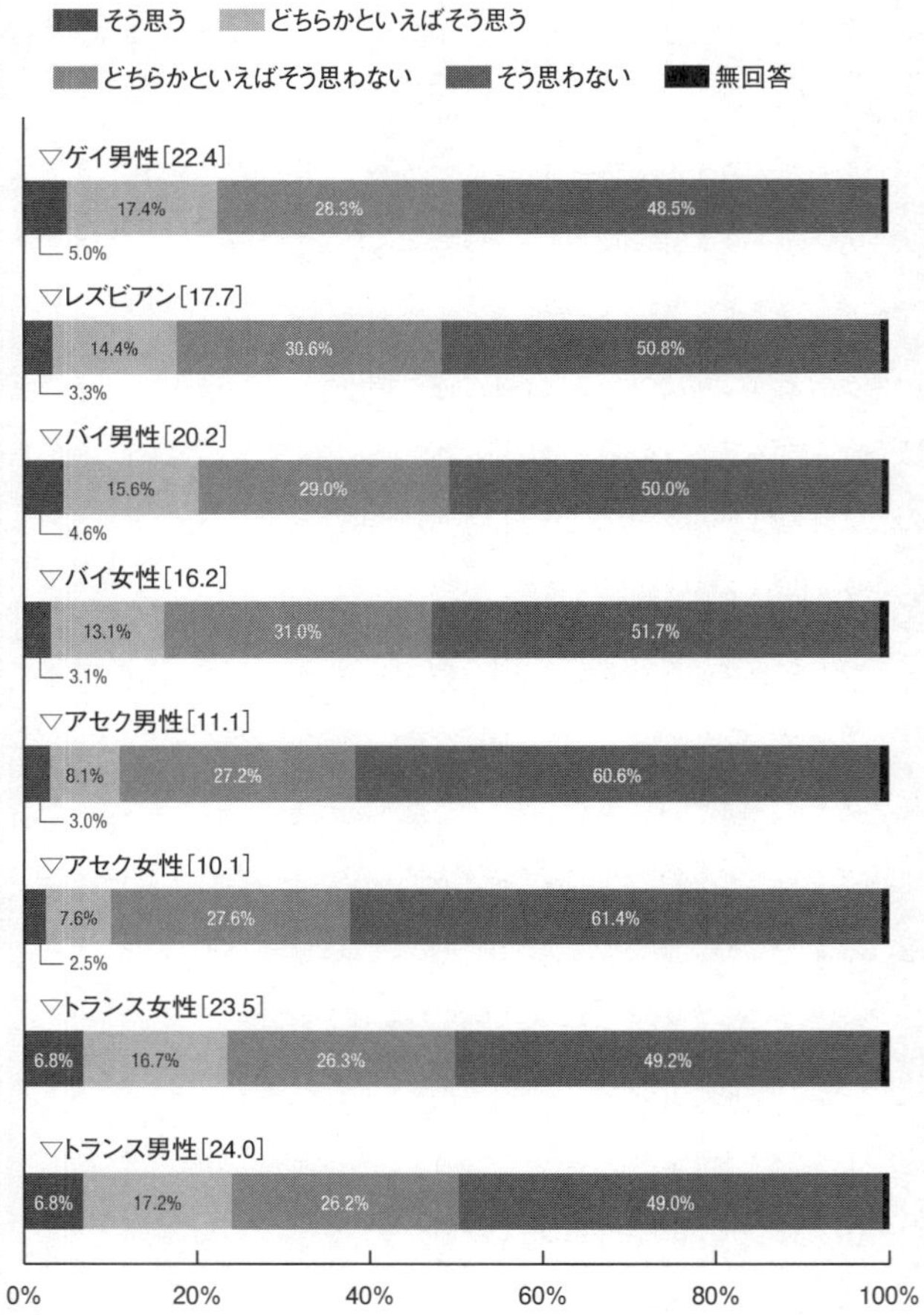

[　] 内の数値は、「そう思う」「どちらかといえばそう思う」の割合の合計

合は低いようです。

この設問については、さらに詳しい分析がなされています。それは、ジェンダー観や家族観が性的マイノリティへの抵抗感と関連しているのかどうか、という分析です。その結果、「男女が一緒にくらすなら結婚すべきである」「結婚したら、子どもは持つべきだ」「一般的に、女性より男性の方が政治の指導者として適している」「最終的に頼りになるのは、やはり男性である」などの意見を支持する人々のほうが、性的マイノリティに対して抵抗感を持つ割合が高いことが示されました（釜野 2022: 104）。

このことは、「性的マイノリティの問題はジェンダー・家族の問題である」（釜野 2022: 111）と示唆するものです。これはアセクシュアルについても言えることです（おそらくアロマンティックや広くAro/Aceについても言えるのではないかと予想されますが、これは今後の調査が必要です）。ジェンダー観や家族観がAro/Aceの問題とどのように関わっているかについては、後の章で詳しく説明したいと思います。

ほかの調査として、前章で見た２０２３年の「家族と性と多様性にかんする全国アンケート」の調査結果にも参考になる点があります。この調査では、「不快な冗談・からかい」や「暴力的行為」を受けた経験について、性的指向別に比較する分析がなされています。それによれば、「異性愛者」と比べると「同性愛者・両性愛者」や「無性愛者」のほうが、「不快な冗

図表14　不快な冗談・からかいを受けた経験
（釜野ほか 2023: 11-12より作成）

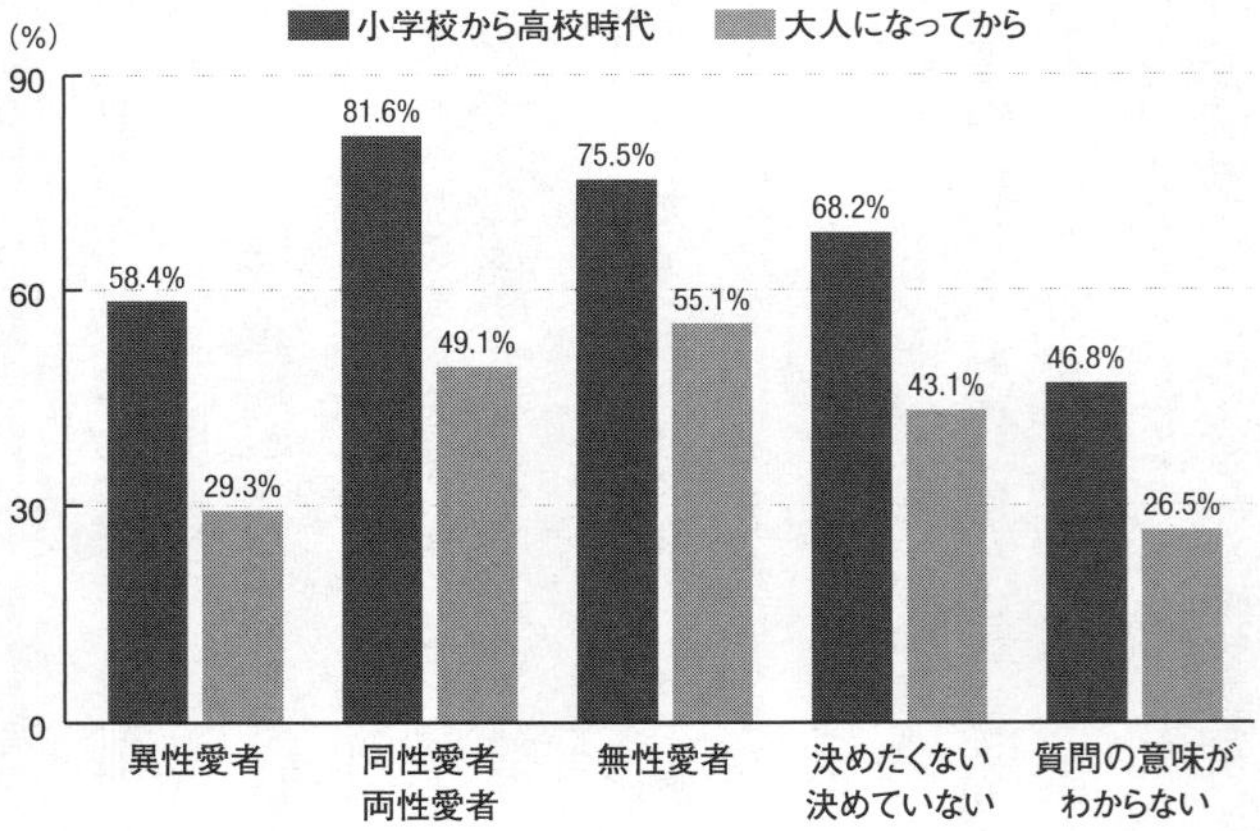

談・からかい」や「暴力的行為」を受けてきた人の割合が高いという傾向でした（釜野ほか 2023: 10-12）。

アセクシュアルについて特筆すべき点は、「大人になってから不快な冗談・からかいを受けた経験」がある人の割合（55・1％）や、「小学校から高校時代に暴力的行為を受けた経験」がある人の割合（34・7％）が、ほかのセクシュアリティと比べてもっとも高いという点です（図表14・15）。項目によっては、レズビアンやゲイやバイセクシュアルの人々と比べても、アセクシュアルの人のほうが不快な経験や暴力を経験している割合が高いようなのです。

この調査はまだ概要報告しか公開されていませんので、このような結果になってい

図表15　暴力的行為を受けた経験（釜野ほか 2023: 11-12より作成）

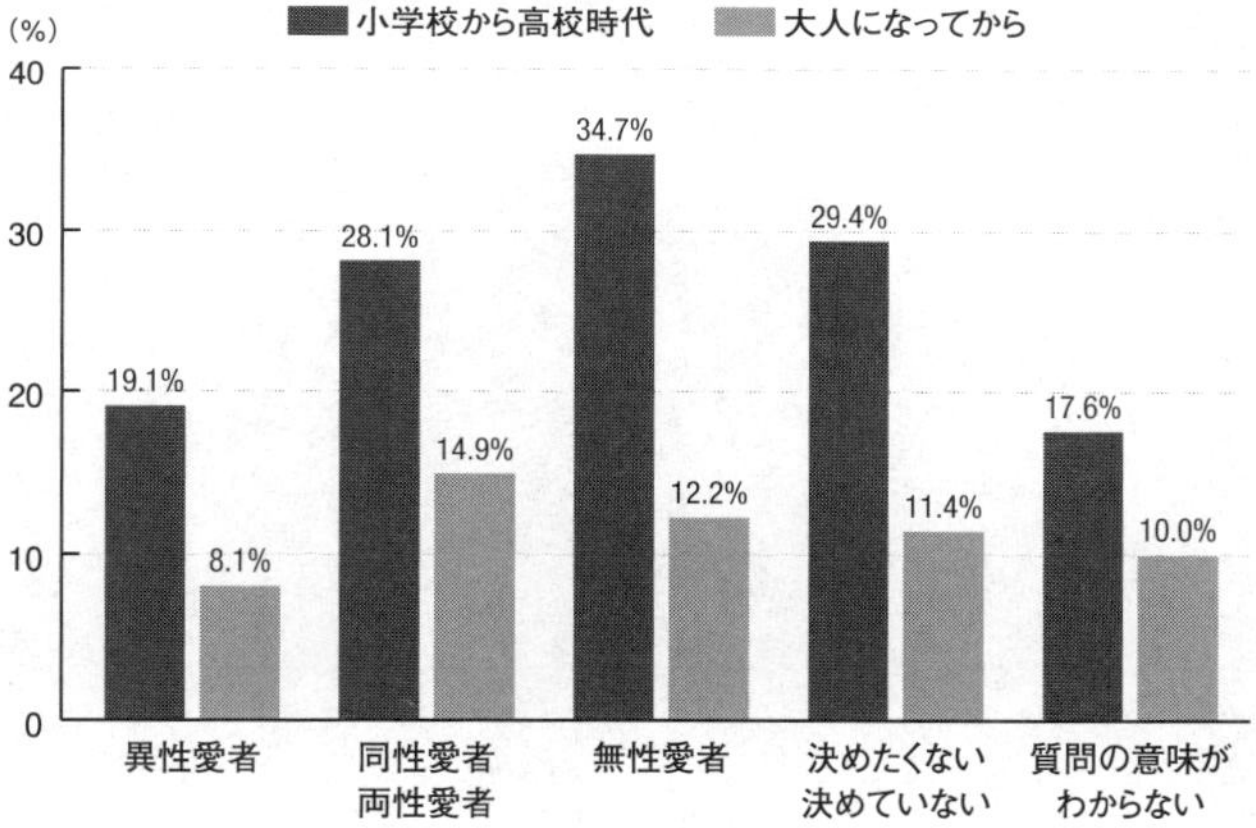

る理由は明らかではありません。また、この設問で言う「不快な冗談・からかい」にはセクシュアリティに関するもの以外も含まれています。そのため、このデータの解釈については、今後さらに詳しく研究される必要があります。

とはいえ、海外での調査のなかには、アセクシュアルは同性愛者よりも強く否定的な印象を持たれているという結果を示唆する研究もあります（MacInnis and Hodson 2012）。もちろん調査方法によって数値は変わりますが、少なくとも、アセクシュアルの差別や周縁化について真剣に考えなければならない、ということは言えるでしょう。

具体的な困難の事例

ここまでは計量的な調査についての紹介であり、またアセクシュアルのみに議論がかぎられていました。これに対して、第3章で触れたAro/Ace調査では、Aro/Aceであることによって経験したネガティブな出来事について、もうすこし具体的な調査をしています。この点について、アンケートの自由記述欄に寄せられた回答の一部が、「Aro/Ace調査2022概要報告」[*1]で公開されています。その一部を抜粋して紹介します。

まず、他者から不愉快な言葉を直接言われたり、間接的に見聞きしたりしたという事例が挙げられます。「まだいい人に出会ってないだけ」という決めつけや、「モテない言い訳」、さらには「生物としておかしい」「病気だ」「治療すべき」といった言葉を向けられることがあるのです。このような言葉は、Aro/Aceの人々に対する典型的な偏見です（図表16）。

Aro/Aceの人々は、身近な人との関係のなかでいやな経験をすることもあります（図表17）。たとえば友人との恋愛話のなかで、恋愛をしたことがないということを信じてもらえず、嘘《うそ》つき呼ばわりされたという事例があります。また、親に対するカミングアウトでも困難な経験をする人がいるようです。

これに加えて、大きな困難が生じがちな場面として、恋人・パートナーに関するものが挙げ

図表16　Aro/Aceであることによって経験したネガティブな出来事の例1（「Aro/Ace調査2022概要報告」より）

直接、不愉快な言葉を言われた

- 「まだいい人に出会ってないだけ」、「そんな事言ってても絶対結婚するよ」と言われた
- 「あなたは人間に興味ないもんね」と言われ、自認してから「恋愛・性的な惹かれがないからってどうしてそんな冷たい人間のように言われなくてはいけなかったのか」と思った
- 誰にも恋愛的に惹かれないと答えたところ、病気だと笑われた

オンライン上で不愉快な言葉を見聞きした

- アロマンティックの人へのインタビュー記事のコメント欄が「わざわざ言わなくていい」「みんなそんなもん」などというコメントで溢れていて傷ついた
- ネットでシスヘテロの人が「Aは生物としておかしい」「モテないのを言い訳してる負け惜しみ」などと書いているのを見かける

不愉快な個人的な質問をされた

- 親しい友人にカムアウトしたが「何かトラウマがあるんじゃないか」と言われた
- 飲み会で「今まで彼氏がいないなんて嘘でしょう?」としつこく聞かれたとき
- 「良い人いないの?」のような質問

「治療」をすすめられた

- 恋人と別れるために、アセクシャルについて話したところ、病気と思われ「じゃあ精神科?とかで治療がんばってね」と返されすごくショックだった
- 「恋愛にあまり興味が無い」とふわっとした主張をしたところ「そんなの有り得ない。病院に行けば?」と言われた

られます。先に述べたように、Aro/Aceのなかにも恋愛関係やパートナー関係を望む人はいます。しかしながら、マッチする相手を探すことがなかなか難しいという状況があります。交際関係にたどりついたとしても、このような親密な関係のなかでは、恋愛感情があることや性交渉を行うことが当たり前だとみなされており、それがないと恋人やパートナーから「関係が維持できない」と判断されることがあります。また、恋人やパートナーから何かを言われるというだけでなく、「恋人の思いや希望に応えられない」ことに対する自責の念を覚える人もいます。

さらには、恋愛や性関係をめぐって身

図表17　Aro/Aceであることによって経験したネガティブな出来事の例2（「Aro/Ace調査2022概要報告」より）

友人との関係において困難があった
• 恋バナに興味が持てないのでしんどい、話のネタを提供できない、場をしらけさせる • 友人と恋愛話をしていたときに「恋愛したことないよ」と話したら信じてもらえず、嘘つき呼ばわりされた

家族、親族との関係において困難があった
• 両親にカミングアウトしたら罵倒された • パートナーと入籍しているので、父親から子を産む事を期待されている

恋人／パートナー探しにおいて困難があった
• 付き合う前からノンセクと伝えるとノンセクとは付き合えないと言われたこと、掲示板の募集のNG事項としてノンセクが挙げられていること • 恋愛感情のないパートナーを探すのはハードルが高いなと感じている

恋人／パートナーとの関係において困難があった
• 恋愛関係と性的関係が常にセットで語られるため、性的関係のみ拒絶すると恋愛関係まで拒絶していると見なされ、あなたのそれは本当の好きじゃないと言われた • セックスレスからの離婚問題になった • 相手から向けられる友人以上の気持ちを受けとめることができない • 恋人の望むことに応えることができない • 付き合っていた人がいたが恋愛感情がないのならこの関係は無意味だと言われた

身体的な暴力を受けた
• 恋愛感情を告白されて断ると、相手が強引に交際に持ち込もうとしたり、性的な行為をしたいと言ったり、無理やりキスしようとしてきた • 当時のパートナーと別れるまで性行為を強要された

体的な暴力を経験したという事例もありました。そのなかには、交際を断ったときに無理やりキスされそうになったというものや、交際中に性行為を強要されていたというものがあります。

もちろん、Aro/Aceだからといって恋愛関係や交際関係をもつことが決してできないというわけではありませんし、実際に良好な関係を築いている人もいます。とはいえ、交際関係には恋愛感情や性的関係が不可欠だという考え方が根強いことから、パートナーを探すときや、親密関係を営むなかで困難な経験をするAro/Aceは少なくありません。

親密関係を築いていくときには、お互いの価値観を丁寧にすり合わせることが重要です。こうしたすり合わせを妨げる固定観念として、たとえば「好きな相手とならセックスしたいはずだ」という思い込みや、「恋愛感情がないなら親密な交際は成り立たないはずだ」という思い込みが挙げられます（「性的」「恋愛的」以外にもさまざまな「好き」がありうる、という第1章で触れたことを思い出してください）。

あるいは、「Aro/Aceなのだからセックスはできないはずだ」という決めつけも同様です。Aro/Aceにもさまざまな人がいますから、「アセクシュアルだから……」「アロマンティックだから……」という決めつけもまた適切ではありません。「普通はこうだろう」という一般論や固定観念ではなく、目の前の相手の具体的な思いや考えを知ることが必要なのです。ちなみに、こうしたすり合わせのためのツールとして、三宅たちが作成した「価値観すり合わせシート」（三宅ほか 2024: 87）が参考になるかもしれません（『いちばんやさしいアロマンティックやアセクシュアルのこと』に載っているものですが、シートは出版社のウェブページで公開されています）。

このほか、学校や職場や医療現場といった場面で被る困難についても、注目すべき回答があります（図表18）。ひとつは学校での性教育で、誰かに恋をしたり性的に惹かれたりするのは当

図表18　Aro/Aceであることによって経験したネガティブな出来事の例3（「Aro/Ace調査2022概要報告」より）

学校生活を送る中で困難があった

- 保健の性教育の範囲で「人に恋愛的・性的に惹かれる」事が当たり前だという風に教科書に書いていたり言われたりして、とても苦痛で居心地が悪かった

就職活動や仕事をする中で困難があった

- 就活の際「あなたは今後結婚出産を考えていますか」という質問に対し「全くありません」と言ったところ「あなたは女性として怠けているね」と言われたこと
- 職場でのキャリアを上司と相談する際に将来結婚するていで話しを進められる

心理的なサポートを受ける際の困難があった

- LGBT問題に理解があると謳うカウンセラーに「でも決めつけちゃダメだよね」とセクシュアリティの自認を否定された事
- 心療内科で、鬱チェックのシートに「異性に性的に惹かれるか」という項目があり、Aceであることによって受けた心理的苦痛については話せない、と感じた

その他医療を受ける際の困難があった

- 婦人科で「過去の性行為の有無」を聞かれ、一度も無いと回答したら、「その歳になるまで相手が居ないなんて普通じゃない」というようなことを言われた

たり前のことだと説明されるときに、Aro/Aceの人もいることが想定されていなかったというものです。LGBTという言葉の知名度が上がるにつれて、性教育のなかでも「同性に惹かれる人もいる」と説明されるようになっていますが、Aro/Aceについてはまだ不十分な状況があるようです。

また就職活動や職場でも、Aro/Aceの人のことが想定されていない様子がうかがえます。Aro/Aceにかぎらず、生涯結婚しないというライフプランを自ら選んでいる人は存在するのですが、こうした人々のことも認められづらい状況があります。また、「女性なら将来的に出産をするはずだ」という発想も散見されます。Aro/Aceの周縁化にはジェンダーの問題も関わっていますが、この点については後の章で詳

しく論じます。

制度的な場面での問題として、心療内科や婦人科などの医療についての経験も挙げられます。心身が「健常」で「正常」な状態であれば性的な欲望を持っているはずだ、という思い込みは医療の領域にも見られます。第2章で見たように、歴史的にもAro/Aceは実質的に「病気」として扱われてきました。現在ではAro/Aceであること自体は治療対象にはなっていないのですが、医療関係者でも情報をアップデートできていない人がおり、不適切な対応を受ける場合もあるようです。

アセクシュアルの差別や困難についての整理

ここまで日本における調査をもとに、アセクシュアルやAro/Aceの人々が被る差別や困難を説明してきました。このような調査や研究は、日本にかぎらず他国でも蓄積されています。英語圏の研究をもとに整理すると、アセクシュアルの人々が被る差別や困難は、①病理化、②性的／恋愛的な衝突、③社会的孤立、④認識的不正義、という大きく4つに整理することができます（Gupta 2017; Margolin 2023）。

まず挙げられるのが病理化です。アセクシュアルを「病気」とみなす見方は現在の性科学では批判されていますが、社会のなかでは依然としてこのような見方が存在しています。日本の事例と同じように、英語圏の調査でも、アセクシュアルを病的なものとみなす偏見が指摘されています（Gupta 2017）。

2つ目が性的／恋愛的な衝突です。日本の調査にもあったように、Aro/Ace の人々はパートナー探しの段階で困難を経験します。自分と同じような性的指向の人と付き合うことができれば比較的気楽かもしれませんが、社会全体では Aro/Ace は少数派ですから、そのような交際はなかなか実現しづらいです。そのため先行研究では、アセクシュアルの人々は結果的に、パートナー探しを諦めるか、アセクシュアルではない人と交際するか、という選択肢を余儀なくされがちだと指摘されています（Vares 2018）。

また、実際に交際をするなかでも、パートナーとの関係を維持する際に困難を経験することがあります（Gupta 2017）。すでに説明したように、相手に対して性的に惹かれなかったり、相手と性交渉をしたいと思わなかったりするからといって、相手のことが好きでないというわけではありません。しかしこのことがパートナーに理解されない、ということがしばしばあります。

さらに、パートナーとの望まない性行為を余儀なくされる、ということもあります（Gupta 2017）。その背景には、「付き合っている相手とはセックスするものだ」という社会的な風潮や、パートナーからの圧力が挙げられます。なおここで注意しておきたいのが、こうした「望まない性行為」は、望んでいない側も「合意」をしたうえで行われることがあります。合意があるかどうかと、望んでいるかどうかは、必ずしも一致するわけではないのです。

パートナー関係に加えて、友人関係についての論点も挙げられています（Gupta 2017）。性的な関係（交際関係）が非‐性的な関係（友人関係など）よりも優先される、という文化的慣習があることによって、友人関係を長く深めていくのを妨げられる場合があるわけです。このような経験はAro/Aceにかぎったものではないかもしれませんが、Aro/Aceの人々のほうがとくにこのような実感を持つ機会があるのではないかと思います。

3つ目が社会的孤立です。アセクシュアルに対する差別や偏見がある状況では、アセクシュアルの人々は孤立したり周縁化されたりすると指摘されています。たとえばアセクシュアルであることをオープンにできなかったり、ほかのアセクシュアルの人とつながる機会がなかったりするために、社会的な孤立感を抱くことがあります（MacNeela and Murphy 2015）。また、セックスや恋愛について話題になる場面で、そうしたことがらに対する関心を共有できずに疎外感を抱くこともあります（Gupta 2017）。

最後に4つ目として挙げられるのが、認識的不正義です（Brunning and Mckeever 2021; Cuthbert 2022）。先行研究でよく指摘されているように、アセクシュアルだとカミングアウトしても「まだいい人に出会っていないだけ」とか「性的欲望を抑圧しているのだ」とか「未熟者だ」と言われてしまうことがあります（MacNeela and Murphy 2015; Gupta 2017）。つまりアセクシュアルの人々は、自分のセクシュアリティに関する自己認識を頻繁に否定されるということです。

このような状況を表す概念が、認識的不正義です。専門的な用語ですので、アセクシュアルとの関連についてお話しする前に、この概念について説明をしておきましょう。認識的不正義は、哲学者ミランダ・フリッカーの造語で、「人種、民族、階級、社会階層、ジェンダー、セクシュアリティ、国籍などの社会的アイデンティティに対する悪質なステレオタイプが原因で、一部の人々が知識の主体としての能力を貶《おとし》められる不正のこと」です（佐藤 2023: 267）。現在ではさまざまなタイプの認識的不正義があると指摘されていますが、フリッカーが当初に挙げたのは、証言的不正義と解釈的不正義というふたつです。

まず証言的不正義は「聞き手が、偏見のせいで話し手の言葉に与える信用性（credibility）を過度に低くしてしまう」というものです（フリッカー 2023: 1-2）。言い換えれば、相手の属性を理由に、相手の言っていることを疑うというものです。たとえば、警察官が特定の人々を「黒人だから」という理由で信じない、という事例が挙げられます（なお「相手の言っていることが一貫していない」というような、属性以外の理由で相手を疑うのは証言的不正義には含まれません）。

これに対して解釈的不正義は、個々の証言よりも手前の段階で生じるもので、「人々が自分たちの社会的経験を意味づける際に、集団的な解釈資源にあるギャップのせいで不公正な仕方で不利な立場に立たされてしまう」というものです（フリッカー 2023: 2）。その例として、セクシュアル・ハラスメントという概念がまだ存在しない文化で、人々がそうしたハラスメントに苦しんでいる、という状況が挙げられます。

これらの不正義は、まさにアセクシュアルの人々が被っているものでもあります（Brunning and Mckeever 2021; Cuthbert 2022）。たとえば、先ほど挙げた「カミングアウトしても相手から打ち消されてしまう」というのは、証言的不正義の分かりやすい例です。また、アセクシュアルの経験や感覚を言い表すための言葉がないことによって、自分のあり方をうまく言語化できず、場合によっては自分でもうまく理解できずに思い悩むことがあります。この章でも触れたように、アセクシュアルやアロマンティックという言葉を知る機会が乏しい、という問題がありますが、ちょうどこれが解釈的不正義の一例だと言えます。

以上の4つの差別や困難は、英語圏での調査にもとづく整理でしたが、いずれも日本の事例にほぼそのまま当てはまるものです。このような問題があることを知っておくと同時に、この背景として恋愛や性愛を「当たり前」のものとみなす社会規範があることを理解する必要があります。この規範については次の章で説明します。

アロマンティックについての調査

ここまで、全国調査からコミュニティ調査まで、近年の日本での研究を紹介してきました。とはいえAro/Aceについての調査は、現時点ではアセクシュアルに焦点を当てたものが多く、アロマンティックに関する調査はまだ蓄積が少ない状況です。そのため最後に、アロマンティックに関する英語圏のコミュニティでの調査（Fowler et al. 2024）を紹介しておきます。

まず確認しておきたいのが、アロマンティックはアセクシュアルの一部ではない、ということです。これまでの研究では、アロマンティックをアセクシュアルのサブカテゴリーとして扱いがちでした。これに対して、アロマンティック・コミュニティの人々の多くは、アロマンティックをアセクシュアルの一部とみなさないでほしいと考えていることが分かりました（Fowler et al. 2024）。もちろん、アロマンティックの人のなかにも、性的指向と恋愛的指向を区別することがピンと来ないという人はいます。しかし重要なのは、アロマンティックをアセクシュアルの一部とみなしたり、アセクシュアルと同じものと混同したりすべきではないということです。

次に、アロマンティックに対する差別や偏見についてです。アロマンティックの人々に向けられる偏見として、「人間ならば愛があるべき」「愛のない人は人間ではない」というものや、

「未熟」「利己的」「他者を気遣う能力を欠いている」、あるいは「トラウマを抱えている」といったものが挙げられます（Fowler et al. 2024）。

これに加えて、「潜在的な性的捕食者」という偏見もあります（Fowler et al. 2024）。別の調査で指摘されているように、アロマンティックかつ異性愛者の男性は、性的な「遊び人」だと思われるリスクによる悩みや葛藤を経験することがあります（Tessler and Winer 2023）。このような論点はアセクシュアルの調査からは出てこないものだと思います。

手短にまとめれば、恋愛感情は誰もが持つものだという発想によって、アロマンティックの人々は困難を経験していると言えます。そしてそこには、アセクシュアルの人々の困難と共通するものもありつつ、それとは異なるものも含まれています。このことは日本の調査（此下・石丸 2024）からもある程度見て取れます。

ただし、英語圏と日本では社会的・文化的な背景が異なるため、単純に英語圏の議論を日本に当てはめられるとはかぎりません。英語圏での Aro/Ace 研究はアセクシュアルを扱うものが多数派であり、アロマンティックはあくまでアセクシュアルの一部として取り上げられる傾向にあります。これに対して日本では、当事者の語り方やコミュニティの雰囲気について、「アセクシュアルに関する議論自体が恋愛を中心に展開されている傾向」があると言われています（三宅・平森 2023: 2）。ほかの社会との比較については、まだ確実なことはあまり言えない段階ですので、今後の研究を待つことにしましょう。

註

＊1　三宅大二郎、今徳はる香、中村健、田中裕也「アロマンティック／アセクシュアル・スペクトラム調査2022概要報告」As Loop、2023年
https://asloop.jimdofree.com/aro-ace%E8%AA%BF%E6%9F%BB/%E8%AA%BF%E6%9F%BB%E7%B5%90%E6%9E%9C/2022/（2024年8月5日取得）

第5章　強制的性愛とは何か

前の章では、Aro/Aceの人々が社会のなかで周縁化されていることを示してきました。ここから言えるのは、Aro/Aceであることは社会で「普通」ではないとみなされている、ということです。それでは、なぜAro/Aceは「普通」ではないものとして周縁化されるのでしょうか。この周縁化はどのような仕組みで成り立っているのでしょうか。以下ではこのことを論じていきたいと思います。

蔑称の流用

「クィア」とは何か

性的マイノリティについての学術研究の分野として「クィア・スタディーズ」というものが

あります。いわゆるLGBTについての研究が行われている領域ですが、最近ではAro/Aceについての研究もこのなかで行われています。こうした研究を理解するうえでは「クィア」という言葉が重要になりますので、ここで手短に確認しておきましょう。

クィア（queer）という単語は、もともとゲイ男性やトランスジェンダーの女性に対する、非常に強い侮蔑語でした（ぴったりと対応する日本語はないのですが、近いニュアンスの日本語としては、「変態」や「おかま」が挙げられます）。性的指向と性自認の概念が区別されておらず、同性愛者とトランスジェンダーが一緒くたにされていた頃に、こうした人々を攻撃するものとして使われていた差別語だったわけです。

ところが差別に対抗する活動のなかで、蔑称だった「クィア」を自らの名乗りとして積極的に使う動きが出てきます。「あぁそうさ、私がクィアだ、文句あるか？」というような感じで、いわば蔑称を自分たちのための言葉として奪い取ったのです。言い換えれば、「クィア」というネガティブな言葉を単純に拒否するのではなく、ポジティブな名乗りとしてひっくり返すことによって、差別に対抗する旗印に変えていったわけです。これを学術領域の名前に据えたのが、クィア・スタディーズです。

クィア・スタディーズの重要な要素として、性的マイノリティを周縁化する社会のあり方を批判する、というものがあります。ただ「物珍しい人たち」を研究対象とするのではなく、翻ってマジョリティへと問いを投げかけるのが、クィア・スタディーズです。そのため、後述するようにマジョリティを基準とする「規範」についての批判が重要視されます。

もうひとつ注意すべき点として、一口に性的マイノリティと言ってもさまざまなマイノリティがいて、それぞれ置かれている状況が異なるという問題が挙げられます。たとえば「同性愛者」といっても、レズビアンとゲイでは異なる立場に置かれていて、経験する問題も異なると指摘されています。こうした差異を無視しないことが、クィア・スタディーズでは重要になります。

このようなアプローチは、Aro/Ace について考えるうえでも重要なものです。そのため、まずはクィア・スタディーズで問われている「規範」について説明したうえで、Aro/Ace を周縁化する規範をどのように捉えるべきか、議論していきたいと思います。

セクシュアリティをめぐる社会的な規範性

規範性（ノーマティヴィティ）とは何か

まずは「普通」の反対語である「異常」という言葉について考えてみましょう。「異常」なものは「おかしい」とみなされるものです。したがって、「普通ではない＝異常」という言葉は「そうでなければおかしい、本来ならそうあるべきだ」という意味合いを含んでいます。

このように、「普通」という言葉には「べきである」という規範的なニュアンスが含まれています。このことは、「普通」を表す英単語normalを見ると分かりやすいでしょう。これはnormという単語を形容詞にしたものですが、normの意味はまさしく「規範」なのです。

そして「普通である＝規範的である」という形容詞を名詞化すると、「普通であること＝規範的であること」という言葉になります。この「普通であること＝規範的であること」を表す英単語が、ノーマティヴィティnormativityです。セクシュアリティをめぐる議論では、ある特定のあり方が規範的なものとみなされることを「〇〇ノーマティヴィティ」と表現します。ノーマティヴィティという単独の単語は「規範性」と訳されますが、「〇〇ノーマティヴィティ」という用語の場合は「〇〇規範」と訳されるのが一般的です。

異性愛規範と強制的異性愛

セクシュアリティに関する規範性としてまず挙げられるのが、**異性愛規範**（heteronormativity）です。これは異性愛（ヘテロセクシュアル）を当然のものとし、誰もが異性愛者であるはずだ（異性愛者でない人はおかしい）とみなす通念を指す言葉です。別の表現をすれば、異性愛者を

「ノーマル」なものとみなす発想とも言えます（カタカナでヘテロノーマティヴィティと書くこともあります）。この言葉はクィア研究者のマイケル・ワーナーが使い始めたものだと言われていますが、ワーナー自身がはっきりとした定義を打ち出したわけではなく、ワーナーの論文を皮切りに徐々に広まっていった言葉です。

これと似た意味の言葉として、**強制的異性愛**（compulsory heterosexuality）という用語があります。これはアメリカのレズビアン・フェミニストで詩人のアドリエンヌ・リッチによって生み出された言葉で、異性愛規範より前に作られた概念です。この概念はフェミニズムの歴史のなかで提起されたもので、ジェンダーとセクシュアリティについて考えるうえで重要な問題提起をしたものですので、すこし詳しく見ておきたいと思います。

１９６０年代頃からのフェミニズム運動は、「家父長制」という男性中心的な社会のあり方が女性抑圧の根源なのだ、と批判を提起しました。ですがそこでは、「男性」が支配的立場を占めていることは批判するものの、「男性」と「女性」が異性愛的結婚をすること自体は疑問視されていませんでした。フェミニズムのなかでも異性愛は当たり前のものとされており、同性愛者をあからさまに差別するフェミニストもいました。

そんななか、家父長制とは単なる男性中心社会ではなく、異性愛男性中心の社会なのだと主張したのが、レズビアン・フェミニズムです。アドリエンヌ・リッチは、こうしたレズビアン・フェミニストの一人であり、「強制的異性愛とレズビアン存在」という論考でレズビアン・フェミニズムの立場を理論的に論じた人物です。

リッチの問題提起は、「異性愛は母性とおなじように、一つの政治的制度として認識し研究する必要がある」というものです（リッチ 1989: 67 傍点原文）。異性愛が「ノーマル」なものとされるとき、同性愛は逸脱とみなされ、「なぜ同性愛者になるのか」と原因を問われます。これに対して、リッチは問題設定そのものを問い直し、「なぜ異性愛者になるのか」という疑問を投げかけました。そのうえで、「女性」を異性愛へと方向づける社会的な強制力があると指摘し、その強制力を批判しないかぎり女性解放はありえないと論じたのです。

強制的異性愛と性差別は不可分に結びついているという説明は、その後のフェミニズムやクィアの運動や研究に大きな影響を与えました。たとえば、異性愛《ヘテロセクシュアリティ》の強制と性差別《セクシズム》を組み合わせて、「ヘテロセクシズム」という言葉が使われることもあります。セクシュアリティはよくジェンダーと関連づけて議論されますが、その背景にはこうした問題提起があり、異性愛規範という言葉もそうした歴史のなかから使われるようになったものなのです。

強制的性愛と他性恋規範

このように、異性愛が規範的なものとされていることや、それが性差別と結びついていることについては、1980年代頃から現在にいたるまで盛んな議論がなされてきました。とはいえ、セクシュアリティに関する規範は異性愛規範だけで説明できるのでしょうか。異性愛が相対化され、同性愛差別が批判されたとしても、それでもなお取りこぼされている問題はないのでしょうか。そうした問題提起から生まれた概念のひとつが**強制的性愛**（compulsory sexuality）です（Gupta 2015）。

強制的性愛とは、アセクシュアルでないことを望ましいあり方とみなす規範であり、誰もがセックスを欲望するはずだという思い込みのことです。字面から分かるように、強制的異性愛をもじって作られた言葉で、異性愛規範だけではアセクシュアルの周縁化を捉えきれないという問題提起が含まれています。この問題提起についてはのちに詳しく解説しますが、もうすこしだけ用語の説明をさせてください。

強制的性愛は特定の研究者が打ち出した言葉というよりも、アセクシュアルをめぐる運動や研究のなかから草の根的に広まっていった言葉です。そのため、似たようなニュアンスの造語がいろいろあります。たとえば、性－規範的文化（sex-normative culture）と言われたり、性愛規範[*1]（sexual normativity）と言われたりすることもあります。基本的には強制的性愛と同じ意味だと考えて問題ないと思います。

また、誰もがほかの人に対して性的／恋愛的に惹かれる（アローセクシュアル／アローロマンティックである）はずだという思い込みを指す用語として、**アローノーマティヴィティ**（allonormativity）という言葉が使われることもあります。この言葉はsexualが含まれていませんので、性的惹かれの規範性にかぎらず、恋愛的惹かれの規範性も指し示すことができる言葉のようです。そのニュアンスを汲《く》み取るとすれば、「他性恋規範」（他の人に性的・恋愛的に惹かれることを「普通」とみなす規範）と訳せるかもしれません。

恋愛伴侶規範

ここでもうひとつ、アセクシュアルやアロマンティックの人々の間でよく使われる言葉として、**恋愛伴侶規範**（amatonormativity）を紹介しておきます。これは「結婚および恋情的な愛の関係（marital and amorous love relationships）を特別な価値の場として過度に焦点化すること、そしてロマンティックな愛（romantic love）を普遍的な目標とみなすこと」（ブレイク 2019: 157、訳を変更）を指す概念です。すこし小難しい言い回しですが、俗に「恋愛至上主義」と呼ばれるものを哲学的に厳密な概念としてまとめたものだと考えればよいと思います。

これはアメリカの哲学者エリザベス・ブレイクが婚姻制度の問題を論じるなかで生み出した造語で、恋愛伴侶規範という訳語は夜のそらさんが提起したものです[*2]。このブレイクの造語がアセクシュアルやアロマンティックのコミュニティでも広がり、今ではこうした人々の被る問題を説明するための重要なキーワードとなっています。

もとが学術的な用語なので、先ほどの説明ではすこし分かりにくいかもしれませんが、恋愛伴侶規範がどのようなあり方を周縁化するのかを考えると、分かりやすくなると思います。ブレイクが挙げるのは、「独身者差別」、「友人や非恋愛的なケア・ネットワークに対する差別」、ポリアモリー（メンバー同士の合意のもとに行われる3人以上の愛）やアセクシュアルに対する差別などです。

たとえば、友人同士で支え合いながら生活することは可能ですが、しかし現在の社会では、それはあくまで結婚前の一時的なものであり、将来的には誰かと婚姻関係を結ぶはずだと考えられがちです。また、一対一の関係だけでなく、もっとメンバーの多い関係のなかで生活することも可能なはずですが、そうした関係はどこか望ましくないものとみなされてしまいがちです。あるいは、独身者や恋愛をしない人が、あたかも人間として何かが欠けているかのようにみなされることもあります。

こうした事例から見えてくるように、恋愛伴侶規範のもとでは、一対一の永続的な恋愛関係が、望ましい特別なものと位置づけられます。そしてこの問題は異性愛規範だけでは捉えきれないものです。強制的性愛や他性恋規範などと同じく、異性愛規範のみに還元できない問題が議論されるようになっていると言えるでしょう。

対人性愛中心主義

ところで、強制的性愛や他性恋規範について「運動や研究のなかから草の根的に広まっていった」と説明しました。これらの概念は英語圏に由来するものですが、日本語圏でも草の根的に提起されてきた関連概念があります。それが**対人性愛中心主義**です。この言葉を説明する前に、まずは対人性愛という言葉について確認しておきましょう。

対人性愛とは、生身の人間に対して惹かれるセクシュアリティのことです。この言葉を使い始めたのは、マンガやアニメなどのいわゆる「二次元」の性的創作物を愛好しつつ、生身の人間には性的惹かれを経験しない、という人々でした。これも特定の誰かが主導した用語というよりも、かれら自身がSNS上で草の根的に作り出したものです（松浦 2021c）。こうした人々の立場から、二次元の性的創作物が対人性愛よりも価値の劣るものとみなされている状況や、対人性愛を基準とする価値判断が当然視されがちな状況への批判が提起されたわけです。

ある意味で、対人性愛はアローセクシュアルに近い概念です。指し示しているものも重なる部分が多いですし、マジョリティのあり方にラベルをつけるという戦略も共通しています。ただしこのふたつの概念は、使われるようになった経緯が異なっており、背景にある問題提起にも違いがあります。

ここで注目すべきは、性的創作物を愛好する人々の立場から、アセクシュアルに似た観点の問題提起がなされたという点です。実際に私自身がウェブ上の投稿を調査した結果、こうした人々の立場から強制的性愛や恋愛伴侶規範を問い直す主張がなされていることが確認できました（松浦 2021c）。こうした人々は一見するとアセクシュアルとは無縁のように思われるかもしれませんが、しかし「生身の人間には性的惹かれを経験しない」という点で、アセクシュアルの人々と重なる部分があります。現実の人間関係のなかで性的な関係を望まないわけですから、場合によっては同じような状況に置かれることもあるのです。

おそらく多くの人が、性的創作物を楽しむことと対人性愛を望むことは同じだと思っているかもしれません。ですが性的創作物を愛好することは、必ずしも対人性愛を欲望することではないのです（これは第1章で取り上げたエーゴセクシュアルとも関連する論点ですが、ほかにもいくつかの論点を含んでいますので、詳しくは後の章で議論したいと思います）。

さて、こうした問題提起を踏まえて使われるようになったのが、対人性愛中心主義です。対人性愛中心主義は、対人性愛を「普通」の望ましいセクシュアリティとみなす規範のことです。対人性愛規範とか対人性愛主義と言ってもよいでしょう。

対人性愛中心主義という概念はこのような経緯で生まれたものですが、現在ではフィクトセクシュアル（虚構性愛：架空の存在に対して性的に惹かれるセクシュアリティ）や対物性愛、そしてアセクシュアルやアロマンティックなどの人々の間でも使われるようになっています。[*3]

まとめ――アセクシュアルやアロマンティックを周縁化する規範

いろいろな言葉が出てきましたので、いったん整理してみましょう。強制的性愛、他性恋規範、恋愛伴侶規範、対人性愛中心主義、という用語を挙げてきました。どのような人が生み出した言葉なのか、どのような論点を強調しているか、といった点ですこしずつ違いがありますので、厳密な議論をするときには、それぞれの違いに気を配ることも大切になるかもしれません。

とはいえ、ひとまず重要なのはこれらの概念の共通部分です。アセクシュアル研究のなかでは、こうした規範は、セックスやセクシュアリティをほかの活動よりも特別なものと位置づけ、自己形成や自己認識、健康、愛や親密性と結びつけるものだと要約されています（Przybylo 2016: 185）。コンパクトな要約ですので、要素をひとつずつ解きほぐしていきましょう。

まず、私たちの社会では、性交渉や性的なことがらは、ほかの行為と比べると何か特殊なものとみなされています。この特殊さにはいくつかの側面がありますが、ひとつが、セクシュアリティというものが、「個人の内奥に秘められた何か」だと考えられているという点です。しかもそうしたセクシュアリティは、すべての人間が必ず持っているはずだとも考えられています。自分のセクシュアリティが「自分とはいったい何者なのか」というアイデンティティの問題と密接に結びついているに違いない、という発想が影響力を持っているのです。

また、セクシュアリティは病と健康に関わる問題だとみなされています。まさに第2章で触れた「病理化」です。あるタイプのセクシュアリティが「健康」「健常」「健全」とみなされると同時に、そこから外れるセクシュアリティが「不健全」「病的」なものとみなされる、という考え方があると言えます。

そして、セクシュアリティは愛や親密関係と密接に結びついたものとみなされています。性的な行為には恋愛感情や親密な関係がともなっているべきだとされていると同時に、恋愛や親密関係には性行為がともなっているべきだと考えられているのです。

大雑把な整理ではありますが、セクシュアリティは、アイデンティティ、心身の健康、人間関係などのことがらに深く結びついたものだとみなされており、それゆえに特別なものとして重要視されています。そしてそのような状況のなかで、アセクシュアルやアロマンティックの人々が周縁化されるのです。さらに言えば、そこで周縁化されるのはアセクシュアルやアロマンティックの人々だけではありません。さまざまな理由によって性的な関心や欲望を持たない（あるいは持つことのできない）人々や、性的行為をしない（あるいはできない）人々もまたこうした規範のもとで周縁化されます。このことについては、後の章でさらに議論をしたいと思います。

註

＊1　sexual normativityという言葉は、強制的性愛の類義語として「性愛を規範的なものとみなすこと」という意味で使われる場合もありますが、「性的な規範性」という一般名詞としても使われることがあります。後者の「性的な規範性」は、異性愛規範や他性恋規範（一二六ページ参照）や恋愛伴侶規範などの規範の総称です。

＊2　邦訳『最小の結婚』ではamatonormativityは「性愛規範性」と訳されています。性愛規範性という訳語に対しては、夜のそらさんが重要な問題提起をしており（夜のそら2020b）、『最小の結婚』監訳者の久保田裕之が訳書2刷の付記で応答しています。造語を翻訳するのはとても難しいことではありますが、原語に含まれている要素がsexualではなくamorousであることや、sexual normativityという用語が別に存在することから、本書では夜のそらさんの提起した「恋愛伴侶規範」を採用しています。

＊3　対物性愛の観点からは、「普通は自然に性的実践と恋愛関係を他の人間とするものだという信念」が「人間性愛規範（humanonormativity）」と概念化されています（Motschenbacher 2018; 松浦2023a）。

第6章　セクシュアリティの装置

セクシュアリティの規範性を理論的に考える

クィア理論のひとつの古典から

ここまで、セクシュアリティや恋愛に関する社会的な規範性について説明してきました。それでは、これらの規範性はどのように存在しているのでしょうか。また、どうすれば変化させることができるのでしょうか。ここでは、規範性を考えるためのアプローチを説明したいと思います。言い換えれば、これから説明するのは規範性を把握するための理論です。

こうした理論を打ち出した重要な論者の一人がミシェル・フーコーであり、とくに重要なのが『性の歴史Ⅰ　知への意志』という本です。この本は西洋におけるセクシュアリティの歴史を分析しているのですが、それほど分厚い本ではなく、また歴史の記述は必ずしも精密ではありません。それにもかかわらず、この本はセクシュアリティをめぐる研究にとても大きな影響をもたらし、現在でも多くの研究者に読まれています。なぜなら、この本で説明されている理論や方法論がとても示唆に富むものだからです。

フーコーの考え方は、セクシュアリティをめぐる議論の基礎であるだけでなく、さまざまなトピックにも応用されています。また強制的性愛について理解するうえでとても有益な発想を打ち出しています。そのためここでは思い切って、フーコーの『性の歴史Ｉ』についてまとまった解説をしようと思います。

ただその前に、ここでフーコーに焦点を絞る理由について補足しておきます。フーコーの理論は影響力の大きいものではありますが、広く読まれている古典であるからこそ批判も多くあります。またフーコー以降にも理論的な議論はさまざまなものが展開されています。フーコー以降の理論については、すでにある程度の入門書があります（一例として、藤高和輝『バトラー入門』や森山至貴『ＬＧＢＴを読みとく――クィア・スタディーズ入門』をオススメします）。

また、クィア・スタディーズの入門書ではフーコーと合わせて性的マイノリティの歴史が紹介されますが、そこではフーコーの理論そのものよりも、歴史の解説のほうに重きが置かれがちです。歴史のほうにフォーカスするのはまったく悪いことではありませんし、むしろとても重要なトピックなので、本書の読者にはぜひそうした入門書も読んでいただきたいと思います

（一例として、新ヶ江章友『クィア・アクティビズム――はじめて学ぶ〈クィア・スタディーズ〉のために』を挙げておきます）。

とはいえ、そうなってくるとフーコーについて知りたい人は、クィア・スタディーズの本ではなくフーコー研究の本を読まざるをえなくなります。たとえば「フーコーの言う『セクシュアリティの装置』って結局なんなの？」と思っても、セクシュアリティに関する入門書ではいまひとつ摑《つか》めない……ということになりがちです（しかも「セクシュアリティの装置」という概念が、Aro/Aceについて考えるうえでかなり示唆に富むものであるにもかかわらず）。

というわけで、この章では「フーコー研究がしたいわけではないけど、クィア・スタディーズでよく出るところは押さえておきたい」という人向けに、とくにAro/Aceに関わるところを拾いながら解説をすることにします（フーコーについてもっと詳しく知りたい方は、慎改康之『フーコーの言説――〈自分自身〉であり続けないために』がとても参考になるほか、『性の歴史』シリーズに特化した解説本として、仲正昌樹『フーコー〈性の歴史〉入門講義』もあります）。

セクシュアリティをめぐる言説の激増

まずフーコーが批判するのは、セクシュアリティを「抑圧／解放」という二分法で考える発想です。たとえば、近代以前には性的なことについておおらかな社会だったが、近代になると性的なことがらが社会的に抑圧されるようになった……という素朴なイメージを持っている人は少なくないのではないでしょうか。まさにそのような発想こそが、セクシュアリティをめぐる社会的な状況を捉え損なう「罠《わな》」だというのです。

こうしたイメージに対してフーコーが強調したのは、むしろ近代社会においてはセクシュアリティに関する言説が激増していたということです。たとえば、あるときには「同性愛は抑圧すべきだ」と言われ、またあるときには「同性愛を抑圧するのは不当だ」と言われることがあります。これらの語りは内容的には相反していますが、しかしどちらも同性愛について積極的に語っているのです。近代社会では、同性愛にかぎらずさまざまなセクシュアリティについて、このような現象が生じました。フーコーによれば、これは性の「言説化」と呼ぶべき現象なのです。

ただし注意してほしいのですが、フーコーが言っているのは、セクシュアリティに関する差別なんてない、ということではありません。実際にフーコーも「私は、性が古典期以来、禁止や消去や隠蔽や無視の対象であったことはない、などと主張しているのではない」とはっきり述べています（フーコー 1986: 21）。差別や周縁化という意味での抑圧はたしかに存在しますし、歴史的にも存在してきました。ですがそのことは、セクシュアリティについて活発に語られるという状況と矛盾しません。近代社会では、セクシュアリティに関する抑圧は言説化のなかで起こってきたのだ、というのがフーコーの説明なのです。

権力によって言説を煽《あお》られる——宗教から科学へ

では、どのようにして近代社会ではセクシュアリティに関する言説が増えていったのでしょうか。セクシュアリティの言説化が生じるメカニズムについて、フーコーはさらに踏み込んだ主張をします。それは、人々は性について語ることを権力によって煽り立てられているのだ、というものです。

権力によって語らされる、とはどういうことなのか。これについては、キリスト教における「告解」をイメージすると分かりやすいと思います。告解というのは、司祭に向かって自らの罪を洗いざらい告白するという実践です。告解そのものはカトリックの伝統として近代以前から行われていましたし、そこで告白されることがらのなかにも性的な話題は含まれていました。ですが17世紀になると、性的なことがらが告解のなかで非常に重大なものとみなされるようになります。自らの性的な行為や欲望について、包み隠さず言語化するよう、きわめて執拗《しつよう》に促されるようになったのです。

なかでも注目すべきは、性に関する告白にとって重要なポイントが、「行為そのものから、欲望の惑乱という、知覚し言葉に表わすのが如何《いか》にも困難な領域へと移る」(フーコー 1986: 28)

という変化が生じたことです。伝統的な告解では、掟《おきて》に背くような性的行為をしたことが問題にされていました。告白をする当人が内心どう思っていようが関係なく、あくまで実際にやったことが問題になったわけです。ところが17世紀には、単にやったことだけでなく、思考や欲望、感覚や快楽、あるいは眠っているときに見た夢にいたるまで、行為の原因と思われそうなあらゆる内面的な問題が重要視されるようになりました。つまり、単に行為だけでなく、内面や人格を絡めるような仕方で、性について語られるようになったのです。

そして18世紀頃になると、性について人々に語らせる仕組みが、宗教的なものから科学的なものに広がっていきます。性的なことがらは、とくに医学、精神病理学、教育学、犯罪学などの学問の対象となったのです。こうした学問を、フーコーは「告白という科学」（フーコー 1986: 84）と呼んでいます。

こうした科学の領域での告白の例として、フーコーは精神科で患者が医者に向かって語るというものや、取り調べの場で犯罪者が鑑識人に向かって語るというものなどを挙げています。またこの頃になると、閉ざされた場で特定の相手（司祭や医者や鑑識人など）と一対一で語るという形式だけでなく、自伝や手紙などの文書化された言説も流通するようになりました。

それでは、宗教儀礼としての告解はどのようにして「告白という科学」につながっていったのでしょうか。この問いに対して、フーコーは5つの答えを挙げています。それが①「『語らせること』の臨床医学的コード化によって」、②「すべてに適用可能で、しかも拡散した因果関係を、公準として立てることによって」、③「性現象には本質的に潜在性という特性が内在しているという原理によって」、④「解釈という方法によって」、⑤「告白の効果を医学的レベルに組み込むことによって」というものです（フーコー 1986: 85-88）。フーコーは小難しい書き方をしていますので、ひとつずつ解きほぐしていきましょう。

まず①は簡単で、性についての告白が重要だという考え方を、宗教的な権威によって正当化するのではなく、科学的な権威によって正当化するようになったということです。

次に②は、個々人の心身の病気から人間という生物種の退化といったさまざまな問題の根底に、性的な問題があるのだ、と考えられるようになったということです。今では信じられないかもしれませんが、当時の医学は「少年たちの悪習から壮年の肺病まで、老人の卒中やあるいは神経障害、更には種族の退化」といったさまざまな問題の原因が、性の問題なのだと考えられていたのです（フーコー 1986: 85-86）。

③は、セクシュアリティというものは、表に現れているものではなく、個々人の内側の奥底に潜んでいるのだという発想です。重要な問題が内奥に秘められているのだから、それをどうにか力ずくで引きずり出さなければならない、と考えられるようになったのです。

このことは④にも関わります。セクシュアリティが個人の内側に隠れているというのは、本人が意図的に隠しているのではなく、そもそも本人にもよく分からないものになっているということなのです。だからこそ、素人の患者がよく分からないままに語る内容を、医者という権威ある立場の人間が解釈しなければならないという発想が出てきます。これが④で指摘されていることです（この④は、語る側と聞く側の間にある権力関係を考えるうえで重要なポイントですので、後であらためて議論します）。

最後に⑤は、告白された内容にもとづいて医学的な治療が行われるということです。伝統的な告解では、掟に背く性的行為は、宗教上の罪とみなされていました。また近代初期になると、イギリスやドイツといったヨーロッパ諸国で、同性間の性行為が法律的に犯罪化されました。ところがその後、性的な問題行為は「罪」や「ルール違反」ではなく、医学的な意味での病気だとみなされるようになります。つまり医学的に正常とされるものと、病理的だとされるものという区別がなされるようになり、そして病理的とされたものは治療の対象になっていったのです。

ところで、ここまでの説明に対して、日本ではキリスト教的な告解はそれほど一般的ではないから、この議論は日本社会には関係がないのでは、と思う人もいるかもしれません。たしかに、性について語るよう煽り立てる仕組みは、日本と西洋で、歴史的経緯や制度などの面で細かな違いがあるかもしれません。ですが「告白という科学」は近代の日本でも大きな影響力を持ったものです。実際に、フーコーの指摘は日本におけるセクシュアリティの歴史を考えるうえでも重要なものとなっています。[*1] それを念頭に置いたうえで、もうすこしフーコーの話を続けたいと思います。

「同性愛者」の誕生

先ほどの議論のなかで、「単に行為だけでなく、内面や人格を絡めるような仕方で、性について語られるようになった」と説明したと思います。このことが、セクシュアリティをめぐる議論にとって非常に重要な変化をもたらしました。その変化とは、「同性愛者」の誕生です。

もちろん、同性との性行為は近代以前から行われていました。ですが「同性愛」という概念が生まれる以前には、ある人が同性と性行為をしていたからといって、それがその人の内なる本性と紐《ひも》づけられるわけではありませんでした。言い換えれば、行為を駆り立てる特殊な本性があるのだ、とは考えられていなかったのです。

ところが、19世紀になると、精神医学者たちが「同性愛（homosexuality）」という概念を生み出しました。これによって、同性愛は、宗教的に罪とされる行為ではなく、ある種の精神的な病気とみなされるようになったのです。この変化は、一方で同性愛は罪ではないという形で脱犯罪化をもたらすものですが、しかし他方で同性愛を病気とみなすという病理化を推し進めるものでもありました。

ただ、それ以上に重要な変化は、「同性愛者」という分類が生まれたことです。同性愛概念が生まれる前は、同性間の性行為は誰もが陥るかもしれない悪行だと考えられていました。ですが同性愛概念が生まれることによって、多数派の異性愛者と少数派の同性愛者は、まったく異なる種族だと考えられるようになったのです。かくして同性愛は、単なる行為ではなく、その人の本性なのだとみなされるようになりました。

主体化＝従属化

この変化は、ただ単に新しい言葉が作られたというだけの問題ではありません。同性愛者という分類ができあがることによって、「私は同性愛者なのだ」という自己認識を持つことができるようになります。つまり同性愛者というアイデンティティを持つ人々が誕生するのです。

また、「同性愛者」という概念ができあがることによって、同性愛者という集団をターゲットにして治療や差別を行うことができるようになります。つまり、ある人々を分類する枠組みができあがると、その分類に含まれる人々をターゲットにして、権力による介入ができるようになるのです。

要約しましょう。精神医学の言説によって、同性と性行為をする人々は「同性愛者」という分類を押しつけられます。これによって、かれらに「同性愛者」としてのアイデンティティが生じます。また同時に、「同性愛者」と分類された人々をターゲットにして、治療や差別が行われるようになります。ここでフーコーが問題視しているのは、①言説によって「同性愛者」というアイデンティティを押しつけられ、当人がそのアイデンティティに縛りつけられてしまうこと、②言説によって権力の介入のターゲットにされてしまうこと、という2点です。

同性愛者というアイデンティティを持つことは、言い換えれば同性愛者という主体になることと、同性愛者としての主体化、と言えるでしょう。ですがこうした主体化は、言説によってもたらされるものであり、当人自身を内側から縛りつけると同時に、他者から介入される余地をも生み出すものなのです。

このような事態を、フーコーは「人間を、語の二重の意味において《sujet》として成立させる」現象だと説明しました（フーコー 1986: 79）。sujet というフランス語の単語は、「主体」という意味と「臣下」という意味を持っています。つまりフーコーが言おうとしているのは、主体化というのは、ある本性を内面に持つ「主体」になると同時に、権威に従う「臣下」になるという二重の事態なのだということです。このダブルミーニングの事態を表すため、assujettissement は（フーコーの用語としては）「主体化＝服従化」と訳されています。

「セクシュアリティの装置」

このように、同性愛者という存在は、言説と権力が複雑に働きかけ合うプロセスのなかから生まれてきたのです。そしてこれは同性愛者だけにかぎった話ではありません。たとえば「フェティシスト」や「動物性愛者」といった「性倒錯者」を表す概念も精神医学のなかから生み出されたものです。さらに第2章で触れた「冷感症」のような、正常とされる性的欲望や性的反応を欠いているとされる状態を表す概念も作られました。

そしてなにより、いわゆる「普通」とされる人々に対しても、何かしらのセクシュアリティが内に隠されているのではないかと考えられるようになりました。同性愛やフェティシズムや動物性愛などの個々のセクシュアリティの分類だけでなく、そもそもセクシュアリティという領域そのものが、言説と権力の絡み合いを通して生み出されてきたのです。そしてそれに合わせて、マジョリティも同じように、セクシュアリティを通して、医療や教育や法制度などによる介入を受けるようになります。こうして、誰もがセクシュアリティを内に秘めているという発想が生まれるとともに、「私は何者なのか」というアイデンティティ問題が性的なことがらと強く紐づけられていったのです。

以上のような事態をもたらす仕組みを、フーコーは「セクシュアリティの装置」と呼びました。「装置」といっても、何かしらの物理的な機械ではなく、「性についての言説を生産する仕組み」（フーコー1986: 32）のことです。セクシュアリティの装置はさまざまなものによって構成されており、制度、施設、社会通念、学術的な知識などが要素として挙げられます。

すこし抽象的なので、具体例を挙げましょう。制度の例としては、先に触れた告解の制度や、犯罪をめぐる取り調べ、医療的な問診などが挙げられます。いずれも病的とみなされたセクシュアリティを語らせ、治療へと向かわせる制度です。制度は物理的なモノとして目に見えるわけではありませんが、それでも人々に影響を与える仕組みとして存在しているものです。

これに対して、人々のセクシュアリティを管理する仕組みとして、ある種の建築物や施設が用いられることがあります。フーコーが挙げる分かりやすい例として、学校の寮で子どもの性行動を監視することを目的とした「寝室の配分（仕切り壁があるかないか、カーテンがあるかないか）」というものがあります（フーコー1986: 38）。こちらは物理的に存在しているモノですが、こうしたものもまた人々を管理する仕組みの一端となっているのです。

また、社会通念や学術的な知識は、セクシュアリティについての考え方や語り方を左右するものです。私たちが考えたり語ったりするとき、自由に思ったことを喋《しゃべ》っていると感じてしまいがちですが、実際には社会でよく使われている語彙やロジックに乗っかっていることがほとんどです。このような形で、社会で流通している思考パターンや言葉や知識もまた、人々の語り方や考え方を統制するものなのです。

以上のように、セクシュアリティの装置には物理的なモノから制度的な仕組みまでさまざまな要素が含まれています。ここで注意してほしいのですが、こうした装置は、「支配者」が作って「被支配者」に押しつけているものではありません。特定の誰かの意志や目的に沿って作られるのではなく、社会のなかでの人々のふるまいや、歴史的な積み重ねによって、結果的に成立したものなのです。さらにこの装置は一枚岩的なものでもありません。装置はさまざまな制度や仕組みから成っていますが、個々の要素の間には矛盾や対立が起きることもあります。さまざまなものが社会のなかで網の目のように複雑に絡み合うことによって、セクシュアリティの装置が結果的に立ち現れた、というのがフーコーの発想なのです。

権力を逆手に取る

このような仕組みのもとで、人々はセクシュアリティへと駆り立てられ、性的な活動や快楽がある特定の型にはめられ、そして同性愛者などの性的マイノリティが差別を被ってきたのでした。それではフーコーは、こうした状況を変えるにはどのような抵抗をすればよいと考えていたのでしょうか。

この問題については、フーコーが「権力」というものをどう考えていたかが重要になります。

権力というと、支配者が弱い人を力ずくで一方的に従わせる、というイメージが強いかもしれません。ですがフーコーは、これとは違う仕方で権力について考えます。フーコーの言う権力とは、「無数の力関係」です（フーコー 1986: 119）。

権力は、ひとつの巨大な塊が上から下に押しつけられる、といったものではありません。フーコーは権力を、数多くのモノや人が関わる錯綜《さくそう》した網の目のなかに、いろいろな「力」が流れている、というイメージで捉えています。人々が具体的な活動を通して他者に働きかけることによって、網の目に力が流れるのです。権力は、塊ではなく動きであり、ひとつひとつの具体的な実践を通して作用するものだと言えます。

だからこそ、権力は変化する可能性に開かれています。これはちょうど、水路の水の流れを変えることができるのと同じようなことです。新しい水路を掘ったり、流れる水の量を変えたりすることで、流れる方向を変えることができます。あるいは水とは違う液体を流すことで、その流れがもたらす現象を変える、ということもあるかもしれません。それと同じように、網の目の組み方や、そのなかでの力の流れは、変化しうるのです。

もちろん、とても強固で簡単には変えられそうにない権力もあります。ですがそれも、いわばいくつかの力の流れが合流することによって、結果的にできあがるものです。巨大で強い力が作用するためには、いろいろな人が働いたり、複雑な仕組みを作動させたりしなければなりません。つまり支配的な権力もまた、細かな力の流れが束になることによってできあがっているのです。こうした権力も、ゆっくりとではあるかもしれませんが、変わっていく可能性があるのです。

これを踏まえたうえで、フーコーが提示する抵抗戦略のひとつは、支配的な言説を逆手に取るというものです。「言説は権力を強化するが、しかしまたそれを内側から蝕《むしば》み、危険にさらし、脆弱化《ぜいじゃくか》し、その行手を妨げることを可能にする」（フーコー 1986: 130）。その例としてフーコーが挙げるのが、同性愛者の社会運動です。

先ほど述べたように、同性愛者という概念は精神医学から作られたものです。これは同性と性行為をする人々を病理化する概念ですが、この概念が生まれたことによって、「同性愛者」というアイデンティティを持つ人々が現れたのでした。そして、「同性愛者」というアイデンティティにもとづいて、同性愛者たちが「自分たちのセクシュアリティは正当なものであり、差別されるいわれはない」と主張するようになったのです。

同性愛者の抵抗運動は、病気を表すものだった「同性愛者」という概念を、当事者が奪い取って自分たちの反差別運動へと流用したものです。もともとは差別的な言葉として使われてきた概念であっても、逆手に取って自分たちの抵抗運動に流用することが起こりうるのです（第5章の最初に触れた「クィア」と同じです）。こういった抵抗の重要性をフーコーは非常に高く評価していました。

セクシュアリティの装置そのものへの抵抗

ただし同時に、フーコーはこうした戦略の限界も指摘します。セクシュアリティをめぐる言説を逆手に取って流用するという戦略は、依然としてセクシュアリティの装置の内部で起きるものだという点です。セクシュアリティの装置を構成している個々の要素は変化するかもしれませんが、あくまでセクシュアリティの装置そのものは温存されるということです。

セクシュアリティの装置はどうすれば解体できるのか。言い換えれば、誰もがセクシュアリティなるものに囲い込まれる状況を、どうすれば崩すことができるのか。この問題について、フーコーは即効的な特効薬を示してはいませんが、いくつかのヒントや方向性を提示しています。

そのひとつが、セクシュアリティの装置がどのようなあり方をしているのか、精緻に捉えていくというものです。セクシュアリティが重要なものとみなされている状況そのものを、じっくりと分析すること。これはいわばセクシュアリティの装置をメタ的に捉え直すことによって、そこから距離を取ることだと言えます。そしてセクシュアリティの装置から距離を取るということは、同時に従属化から距離を取ることにもつながります。

この作業は、まさにフーコーが『性の歴史Ⅰ』で行ったことでした。分かりやすく言えば、ネタばらしです。セクシュアリティの装置の仕組みを暴き出して、「なんだそんなものか」とバラしてしまうのです。もちろん仕組みが分かったからといって、即座に状況を変えられるわけではありませんが、少なくともセクシュアリティの装置を相対化することにはつながるでしょう。

そしてもうひとつ、セクシュアリティの装置への抵抗の拠点は「身体と快楽」だ、とフーコーは述べています。これがどういうことなのか、『性の歴史Ⅰ』でははっきりと述べられていませんが、フーコーは1977年のある対談で印象的な言葉を残しています。

現在、ひとつの動きが姿を現しつつあります。その動きは、「常にさらなる性を」、あるいは「常にさらなる性の真理を」という、数世紀のあいだ我々が従わされてきた流れを、逆向きにたどっているように思われます。すなわちそれは、快楽、関係、共存、絆《きずな》、愛、強度の別の形式を、再発見するというよりもむしろ、文字通り最初から作り出そうとする、そうした動きです。私には、現在、「アンチ・セックス」のうなり声が聞こえるように思われます（私は預言者ではありませんし、せいぜい、診断を下しているにすぎませんが）。あたかも、性を普遍的な秘密として解読させせようとするあの大いなる「セクソグラフィー」を揺るがせにしようという努力が、秘かになされているかのようです。

（フーコー 2006: 44-45）

「アンチ・セックス」のうなり声。これは決して性行動を規制したり禁欲を強いたりするものではありません（そうした規制や禁欲は、まさにセクシュアリティの装置がもたらすものです）。この新しい動きは、「性の真理」へと邁進《まいしん》する「告白という科学」とは異なるものです。ではアンチ・セックスの動きとはどのようなものなのでしょうか。

ここで重要なのは、この動きは「快楽、関係、共存、絆、愛、強度の別の形式を（……）文字通り最初から作り出そうとする」ものだという点です。快楽や関係性や感情などは、セクシュアリティと密接に結びつけられがちなものでした。こうしたものを、セクシュアリティという枠組みを経由せずに営んでいくことが、セクシュアリティの装置そのものへの抵抗となるのだ、というのがフーコーの思想です。

セクシュアリティを強制する社会に対する抵抗として、セクシュアリティから距離を取ることと、これをフーコーは「脱セクシュアリティ化（desexualization）」と呼びます。ただしdesexualizationという単語は文脈によって意味合いが変わりますので、やや注意が必要です。後の章でも説明しますが、「性的な存在でない」というステレオタイプを社会から押しつけられることも、脱性化（desexualization）と呼ばれることがあります。英語ではどちらも同じ単語ですが、ここでは意味の違いに応じて「脱セクシュアリティ化」と「脱性化」に訳し分けています。

とりわけフーコーが注目するのが、「快楽の脱セクシュアリティ化」です。その例として、フーコーはSM、つまりサディズムやマゾヒズムの実践に言及しています。SM実践者が感じている快楽は性器以外の身体的快楽であり、そこではセクシュアリティとは異なる枠組みの快楽が追求されているのです。だからこそフーコーはSMのことを、規範的な「普通の」性行為を相対化するものとして評価しています。

> 肉体的快楽が常に性的快楽から生まれ、性的快楽こそ可能な全ての快楽の根本だと考えるのは、誤ったものだと思います。SMという実践が示しているのは、私たちは、全く馴染《なじ》みのない対象から、身体の奇妙な部分を使って、全く非日常的な状況で快楽を生み出せるのだということなのです。
>
> （フーコー 2002: 258 傍点原文）

ただし注意してほしいのですが、規範から外れた実践だけが抵抗になりうるのだ、というわけでは決してありません。実際にフーコーは、抵抗になる実践とならない実践を区別する理論的基準を作ることには、徹底して批判的でした（ハルプリン 1997: 165）。すでに見た通り、差別的な言説であっても、差別への抵抗に流用することは不可能ではありません。それと同じように、一見すると規範に順応するような実践であっても、文脈や状況によってはそこに重要な意義が含まれることはありえます。抵抗実践を評価するうえでは、あらかじめ用意した基準をトップダウン的に当てはめて判断するのではなく、具体的な実態にきちんと目を向けることが必要です。

「存在しないことにされる」ことへの抵抗

「セクシュアリティの装置」論の展開としての強制的性愛

以上がフーコーの「セクシュアリティの装置」論の紹介でした。ここまでの議論のなかにも、アセクシュアルやアロマンティックについて考える際のヒントがいくつかあったと思います。というのも、強制的性愛の概念は、理論的にはフーコーの議論の発展として位置づけられるものだからです（Gupta 2015）。「セクシュアリティの装置」をアセクシュアルの観点から言い換えた概念が「強制的性愛」だと言えます。この点を重視する場合には、compulsory sexualityはセクシュアリティを強制するという意味で「**強制的セクシュアリティ**」と訳してもよいと思います。

このように、強制的性愛という問題提起は最近になって突然現れたわけではなく、強制的異性愛への批判や、セクシュアリティの装置論など、以前からの議論の蓄積とつながっているものです。同時に、やはりAro/Aceの立場からの問題提起をはっきりと打ち出しているという点で、従来の議論にはない新たな展開が出てきてもいます。

まず、ほかの性的アイデンティティと同じように、アセクシュアルというアイデンティティもまた、セクシュアリティの装置＝強制的性愛によって生み出されるものです。さらに言えば、セクシュアリティを欠いているとされる状態が問題とみなされることも、誰もがセクシュアリティを内に秘めているという発想と表裏一体なのです（Gupta 2015）。

このことを表す典型的な事例が、先ほど触れた冷感症です。正常とされる性的欲望や性的反応を欠いているとされる状態が、医学的な診察の過程で「告白」されるようになったのです。セクシュアリティの「欠如」もまた、セクシュアリティの装置のもとで生み出されたものだと言えます。

とはいえ、「私はアセクシュアルなのだ」と告白したとしても、必ずしも「本当のことを言っている」と受け取られるわけではありません。ここで問題になるのが、告白は権威ある聞き手が解釈しなければならない、という発想です。告白という科学のもとでは、「真理は、語る者においては確かに現前してはいるが不完全であり、自分自身に対して盲目であって、それが完成し得るのは、ただそれを受け取る者においてのみである」(フーコー 1986: 87 傍点原文)とみなされていました。

これは現代でも当てはまります。たとえば、第2章でも紹介したAVENの創設者デイヴィッド・ジェイが2006年にテレビ番組に出演し、自身がアセクシュアルであるという話をしたときのことです。番組の司会者はジェイの語りに対して、本当にジェイがアセクシュアルだと言えるのかどうか、執拗《しつよう》に疑問を投げかけました(たとえば「マスターベーションはするのか?」というように)。

このように、アセクシュアルの人がメディアなどで自らのセクシュアリティを告白したとしても、「本当の」セクシュアリティを隠しているのではないかという「尋問」を受けることがあります。一般化して言えば、アセクシュアル研究者エラ・プジビウォが指摘するように、強制的性愛のもとでは不適切な「告白」を矯正しようとする権力作用が働くのです(Przybylo 2011)。

以上のように、アセクシュアルは強制的性愛のもとで、必ずしも「異常な人々がいる!」とみなされるとはかぎらず(冷感症などの病気だとみなされることもありますが)、「本当にアセクシュアルなはずがない」(本当は「普通」の人なのではないか)という扱いを受けることもあります。もっと分かりやすい例は、アセクシュアルだとカミングアウトした人が、「まだ運命の人に出会っていないだけだよ」と返される、というものでしょう。このような形でカミングアウトを無効化されるという話は、アセクシュアルの人々の間でよく耳にするものです。

そのため、アセクシュアルの周縁化について考えるうえでは、あからさまな攻撃だけでなく、「別に普通じゃない？」というような、一見すると攻撃的でない反応にも注目しなければなりません。アセクシュアルは、単なる一時的なものとして扱われたり、ただの思い違いだと決めつけられたりすることがあります。こうした現象もまた、強制的性愛という社会的な問題とつながっているのです。

さらに強制的性愛は、単にアセクシュアルの人々を周縁化するだけでなく、あらゆる人々に作用するものです。このことは、「セクシュアリティの装置」や強制的異性愛が、性的マイノリティだけでなくマジョリティにも影響している、ということからも分かるでしょう。とくに強制的異性愛については、ジェンダーに関する論点とも関わってきますので、第7章や第8章で議論したいと思います。

アセクシュアルの抵抗――セクシュアリティの理解を書き換える

とはいえフーコーの権力論が示しているように、強制的性愛のもとで人々は一方的に圧力を受けるだけではありません。実際に調査のなかで、アセクシュアルの人々はこうした状況をうまくかわしたり、あるいははっきりと対抗したりしていることが示されています。この点について、ジェンダー／セクシュアリティ研究者のクリスティーナ・グプタが、アセクシュアルの人々に対してインタビュー調査を実施していますので（Gupta 2017）、そのなかからいくつかの論点を紹介したいと思います。

まず挙げられるのが、アセクシュアルの可視化を促すための活動です。その例として、プライド・パレードに参加したり、ウェブ上でアセクシュアルに関する情報を発信したりといったものがあります。こうした活動は、アセクシュアルの周縁化に対してはっきりと異議を申し立てるものですので、分かりやすい抵抗の形だと思います。

ただ、社会に向けて主張を発信する活動以外にも、強制的性愛への抵抗と言えるものはあります。たとえば、アセクシュアルの人々のなかには、アセクシュアルであることを病気ではなく多様なセクシュアリティのひとつだと認識するという形で、セクシュアリティを誰もが持つものだという発想を突き放している人々がいます。こうした形で、アセクシュアルであることを肯定するというのは、それ自体が強制的性愛に対する異議申し立てになっていると言えます。

その際に用いられていたのが、ＬＧＢＴの権利運動の言説を流用して、アセクシュアルを性的指向のひとつだとする考え方です。もともとはＬＧＢＴ運動においてセクシュアリティの装置を逆手に取る戦略だったものが、さらにアセクシュアルの人々にも活用されたということです。これは権力を逆手に取って、既存の言説をうまく使うことによって、強制的性愛に抵抗する戦略だと言えるでしょう。

次に挙げられるのが「脱セクシュアリティ化」です。そもそもセクシュアリティを自分のアイデンティティにとって重要なものとみなすという発想自体をはっきりと拒否する、という形での抵抗です。この抵抗には、まさにフーコー的な「快楽の脱セクシュアリティ化」も含まれます。すでに述べたように、SMやマスターベーションといった、一見すると性的とみなされがちな行為は、必ずしも性的なものとして経験されるわけではありません。このような形で、セクシュアリティに関する「常識」に抵抗する人もいます。

さらにもうひとつ、快楽だけでなく、親密関係についての脱セクシュアリティ化も挙げられます。性的惹かれをベースにしない形での関係を作っていくというものです。とくにロマンティック・アセクシュアルの人々の場合、性的惹かれなしに恋愛感情でのつながりを築く人もいます。それに加えて、友情にもとづく関係を営む人々もいます。このなかには、恋愛への関心がないわけではないが、それよりも友人と暮らすことを選んだという人もいました。もちろん、そもそも恋愛と友情の区別に疑問を唱えるという人々もいますし、孤独であることを肯定する人もいます。こうした営みは、満ち足りた人生を送るうえで性的・恋愛的なパートナーが不可欠だという発想に抵抗するものであり、先ほどフーコーが指摘していた「アンチ・セックス」の動きのひとつだと言えるでしょう。

アイデンティティ・ラベル再考

ここまで挙げた抵抗はいずれも非常に重要なものですが、こうした抵抗のなかには、注意しなければならない点もあります。このことは、セクシュアリティをめぐる言説を逆手に取る戦略ではセクシュアリティの装置そのものは崩れない、というフーコーの指摘とも関わるものです。

一例として、アセクシュアルは性的指向だから尊重されるべきだ、という言説について考えてみましょう。この言説は往々にして、性的指向とはあらゆる人々が生まれつき持っているものだ、という考え方を前提にしています。つまり、誰もがセクシュアリティを内に持っており、そのセクシュアリティは重要なものであって、アセクシュアルというのもそのうちのひとつなのだ、という発想です。こうした主張は、セクシュアリティを特別に重要なものとみなす発想に乗っかっている点で、強制的性愛を温存している側面もあると言えます。

また、アセクシュアルというものを生涯不変の「性的指向」とみなす発想は、アセクシュアルを自認する人や、自分はアセクシュアルかもしれないと感じる人に対してプレッシャーをもたらします。具体的には、「自分は本当にアセクシュアルなのだろうか……」という疑問に駆られたり、「自分はアセクシュアルなのだから恋愛や性行為はするべきではないのではないか……」という固定観念に縛られたり、という状況につながるのです。

自分がアセクシュアルであると証明する義務などないはずですが、にもかかわらず、それが証明しなければならないことがらのように感じられてしまう……。こうした現象は、アイデンティティを押しつけられる状況であり、まさにフーコーの指摘した「主体化＝従属化」にほかなりません。こうしたアイデンティティの問題について、フーコーは次のような重要な指摘をしています。

もしアイデンティティがゲームでしかなく、さまざまな関係を築きやすくする手段、つまり社会的関係や新たな友愛を創り出す性的快楽の関係を可能にする手段にとどまるなら、それは有用でしょう。しかし、アイデンティティが性的実存の主要な問題となり、「本当のアイデンティティ」を「明かさ」ねばならず、そのアイデンティティが実存の法則、原理、規則とならねばならないと考えるなら、さらにまた、人々が絶えず提起する問題が「これは私のアイデンティティにふさわしいだろうか」というものならば、伝統的な異性愛にもとづく男らしさに極めて近い倫理へと回帰することになると思います。

（フーコー 2002: 260）

たしかに性的アイデンティティは、ほかの人との関係を取り結ぶための道具として大きく役立つことはあります。これは日常生活での人間関係だけでなく、政治的な運動のネットワークを形作る場面でも同様です。アセクシュアルというアイデンティティのラベルを使うことによって、新たな人間関係や運動を立ち上げることができるようになるという側面は確実にあるわけです。

ですが、こうしたアイデンティティは個々人を束縛するものにもなりえます。そしてその最たる例が、「伝統的な異性愛にもとづく男らしさ」です。おそらくここでフーコーが念頭に置いているのは、近代社会における規範的な男らしさにはホモフォビア（同性愛嫌悪）が含まれる、ということでしょう。規範的な男らしさを目指す「男性」は、「自分は決して同性愛者ではないのだ」というふうに、ある意味で自分自身を頑《かたく》なに「異性愛男性」という枠内に押し込めようとしていると言えます。それと同じように、ほかの性的アイデンティティもまた、自分自身を縛りつけるものになりうるのです。

このように、固定的なアイデンティティにもとづく主体化＝従属化そのものが、強制的性愛に根差していると言えます。だからこそプジビウォは、ほかのセクシュアリティと相互排他的なものとしてアセクシュアルが概念化されると、むしろセクシュアリティの装置は温存されてしまうと問題提起をしています（Przybylo 2011）。またグプタの調査が示しているように、研究者だけでなくアセクシュアルの人々のなかにも、アセクシュアルというものを生まれつきの固定的な属性とみなす発想を疑問視する人々はいます（Gupta 2017）。そもそも性的アイデンティティが重要なものとみなされる状況自体が、強制的性愛によって成り立っているという点にも注意が必要です。

ただし同時に注意しなければならないのは、強制的性愛に対抗するためにはアイデンティティを強調してはならない、というわけでは決してないという点です。アセクシュアルやアロマンティックなどのラベルは、当事者にとっては自分自身について理解するうえで大切なものとなりえますし、また、ほかの当事者とつながるための大きなきっかけにもなりうるものですし、強制的性愛に対抗するためにも使える重要なものでもあります。

要するに、性的マイノリティの人々は、ある意味でアイデンティティを必要とせざるをえない状況に置かれてきたということです。そのことを無視して、「アセクシュアルというアイデンティティを押し出すのは間違っている」などと知ったような口を利くのはとても乱暴なことです。

必要なのは、アイデンティティやラベルを否定することではなく、アイデンティティやラベルが成立する背景や前提を知っておくことです。これを理解しておけば、アイデンティティやラベルにフォーカスするときに、見落とされる問題があるかもしれない、ということにも意識を向けることができるはずです。アイデンティティやラベルの価値や意義を否定することなく、しかしアイデンティティの「重荷」や「束縛」も避けながら、いわば「うまく使いこなす」とよいでしょう。

註

＊1　日本におけるセクシュアリティに関する歴史研究でも、フーコーは頻繁に引用されています。一例として『セクシュアリティの歴史社会学』（赤川 1999）が挙げられます。

第7章　結婚や親密性とセクシュアリティの結びつき

いかにしてセクシュアリティと結婚が結びついているのか

婚姻の装置とセクシュアリティの装置

ところで、ここまでの解説では説明できていない論点があります。それが、結婚や生殖をめぐる問題です。ここまで説明したように、セクシュアリティの装置は、性に関する言説を煽り立て、個々人の身体の内側にセクシュアリティなるものがあるという発想を打ち立て、それによって権力による介入や管理を可能にするものです。ですがこの説明には、結婚や生殖という要素は出てきません。実はセクシュアリティの装置は、「生殖＝再生産を目的とはしていない」のです（フーコー 1986: 138）。

この問題を説明するために、フーコーは「婚姻の装置」という概念を用いています。婚姻の装置とは、一言で言うと「結婚のシステム」のことです(フーコー 1986: 136)。親族関係を定めて、名前や財産の継承を行う仕組みのことだとも言えます。つまり婚姻の装置は、家族を軸とする人間関係を維持したり存続したりすることを目的としたシステムであり、次世代の生殖、そして財産の流通という経済活動に直結するものです。

フーコーによれば、婚姻の装置はさまざまな社会に見られるものであり、セクシュアリティの装置よりも前からありました。セクシュアリティの装置は、この婚姻の装置から派生したものです。前に説明したように、キリスト教の告解には近代以前から性的な行為についての告白が含まれていました。その際にまず問われていたのは「関係の支えとしての性」でした。フーコーは小難しい書き方をしていますが、平たく言えば、やっちゃダメな相手と性交をしたということが、告白すべき問題だと考えられていたわけです。ですがその後、告白すべき性の問題は、身体の内に秘められたセクシュアリティへと移り変わっていきます。言い換えれば、「関係の問題系から、『肉慾』の問題系へと移った」ということです(フーコー 1986: 138)。

婚姻の装置とセクシュアリティの装置の違いをいくつか整理してみましょう。婚姻の装置は、結婚してよい相手/結婚してはいけない相手、あるいは性交してよい相手/性交してはいけない相手など、人間関係にルールを課すものです。これに対してセクシュアリティの装置は、何かを禁止するというよりも、セクシュアリティをめぐる言説を煽り立てるものです。あるいは、婚姻の装置は財産の相続といった経済活動と直接的に結びついていますが、セクシュアリティの装置は経済とは間接的に結びつくだけです。そして、婚姻の装置は生殖を目的としていますが、セクシュアリティの装置はそうではありません。こうして見ると、婚姻の装置とセクシュアリティの装置はずいぶん異なるものであり、ある意味では対立するものでもあることが分かると思います。

それでは、なぜこのふたつの装置が両立できているのでしょうか。フーコーによれば、家族という領域において、セクシュアリティと婚姻が混ざり合ったのです。その結果、一方では、人間関係に関するルールという婚姻の装置の要素が、セクシュアリティへと組み込まれました。つまり生殖につながる異性愛を規範的なものとするルールが課されたのです。また他方で、性的な内面的情動や快楽といったセクシュアリティの装置の要素が、婚姻のなかに持ち込まれました。

このように、「家族」がセクシュアリティの装置と婚姻の装置をつなぐ場となった、というのがフーコーの説明です。本書の問題意識に合わせて言い換えれば、強制的性愛は家族や婚姻制度と絡み合う形で成り立っていると言えるでしょう。

生権力

生殖に結びついた異性愛を強いる仕組みについて、フーコーはもうひとつ重要な理論を打ち出しています。それが権力についての議論です。まずフーコーは比較のために、昔の権力の形を説明します。君主制の世の中では、王様が持っている権力は「生殺与奪の権」でした。つまり権力者は、罪人や反逆者を処刑することができたのです。王様の権力が介入するのは、臣民を死なせるときだったわけです。

ところが17世紀頃になると、これとはまったく異なる権力のあり方が現れます。それは、死をもたらすのではなく、生を管理する権力です。言い換えれば、「死なせる」権力ではなく、「生きさせる」権力です。この新たなタイプの権力を、フーコーは「生権力」と呼びました。

生権力には2種類あります。ひとつは、「規律」あるいは「解剖政治」と呼ばれるものです。分かりやすい例は軍隊です。ひとりひとりの兵士をルールに従って動くように訓練することによって、統制のとれた軍隊にするときに用いられるのが、この種の権力です。フーコーは軍隊のほかにも学校を例に挙げています。学校で生徒を管理するときに使われる権力は、軍隊の管理で用いられる権力と同じ形であり、解剖政治はひとりひとりの個別の身体へと働きかける権力だと言えます。

もうひとつが「調整」あるいは「生政治」です。こちらは人々の集団の動向を管理しようとする権力であり、「人口」を標的とする権力です。分かりやすい例が感染症対策です。感染者がどこに何人いるのかを把握したり、感染拡大を防ぐためにどの地域を封鎖するかを検討したり、あるいは国民にワクチンを接種させたり、といった形で人々を管理するのが生政治です。このほかにも、出生率を高めようとか、死亡率を下げようといった介入が生政治の例として挙げられます。

生権力は「資本主義の発達に不可欠な要因」です（フーコー 1986: 178）。国力を増強しようとすれば、労働者や兵力として「質の高い」人間や、使い勝手のよい人間を生み出して、生産性を高めることが必要です。そのときに、労働者の訓練と、人口の管理が問題になってきます（これと表裏一体に、「質の低い」人間が生まれないようにしようという優生思想も出てきます）。これによって、生権力が資本主義経済の仕組みへと組み込まれることになるのです。

そしてふたつの生権力のつなぎ目になるものこそが、セクシュアリティです。一方で、規範から逸脱した性行動をしないように個々人を訓練するという面で、セクシュアリティは規律の問題となります。他方で、セクシュアリティは生殖に関わるという意味で人口の問題にもなります。性は「規律の母型」としても「調整の原理」としても用いられるのです（フーコー 1986: 184）。

セクシュアリティの装置は、生権力の介入の対象となることによって、資本主義的な経済システムと結びついています。このような形で、経済システムが強制的性愛を強めてしまうことがあるわけです。たとえば現代の日本でも、「少子化対策」を理由にして結婚や恋愛を奨励する人がしばしばいますが、まさに典型的な事例だと思います。

婚姻制度と経済システムの結びつき

以上のフーコーの理論は、強制的性愛を成り立たせる社会的な仕組みを理解するうえでとても有益なツールです。とはいえフーコーの理論では、とくに経済システムに関わるジェンダー構造の問題を十分に議論できていないところがあります。[*1] この論点について、社会学者の菊地夏野が、異性愛規範と婚姻制度の関係という観点から分かりやすくまとめていますので、その議論を見てみましょう。

現在の日本では、法律上の婚姻制度を利用できるのは異性間のカップルだけです。結婚した夫婦は、一般的にはお互いに財産を共有します。また結婚している家族のなかに専業主婦や子どものような、収入を得ていない人がいる場合、主な稼ぎ手はかれらを経済的に養うことが当然だとされています。こうしたことは当たり前だと思われていますが、よく考えてみると、財産を共有するというのは家族以外ではまず行われません。結婚のなかで行われる経済的な関係は、ほかの人間関係には見られない特徴的なものだと言えます。

また、結婚している夫婦には性関係があるはずだとみなされ、そのなかで生殖も行われるはずだとみなされます。「結婚制度はセクシュアリティと生活と経済その他多くの領域が密接に絡まり合った複雑な内容をもっている」のです（菊地 2022: 150）。ここまではフーコーの説明ともおおむね共通しています。

これに加えて重要なのは、結婚している夫婦間での役割です。多くの家庭では、「女性」が家事や育児や介護を担っています。これは共働き家庭でも変わりません。そして育児や家事には賃金が発生しないのが当たり前だと思われています。ですが、もし家庭内で「女性」が行っている家事をすべて外注すれば、ほとんどの家庭には支払えないほどの金額がかかります。つまり、現行の家族制度は「女性」が無償で家事労働を行うという前提によって成り立っているのです。

そして家庭の外での労働市場では、依然として「女性」は賃金を安く抑えられる傾向にあります。たとえば正規雇用と非正規雇用は、もともとはっきりと男女に分かれていました。「女性」は夫が稼いでくれるのだから、それほどお金を稼ぐ必要がないはずだという前提のもとで、家計のちょっとした手助けとしてアルバイトなどを行うような仕組みが作られていたのです。だからこそ、２０００年代に「男性」の非正規労働者が増えてようやく、非正規雇用の仕組みが社会で問題視されるようになったわけです。こうした状況から、「経済的にも女性は結婚制度の中に追いやられる」ことになるのです（菊地 2022: 151）。

このように、経済システムのジェンダー構造と異性愛規範は、婚姻制度を介して結びついています。「結婚制度を根拠として経済システムのジェンダー構造は構築されており、また経済システムのジェンダー構造によって結婚制度は形作られている」のです（菊地 2022: 151）。同性愛差別の問題と女性差別の問題は別々にあるのではなく、お互いに結びついているということでもあります。

そしてこのようなシステムは、強制的性愛の背景として位置づけることができます。性交渉や生殖をともなう親密関係へと人々を追い込む仕組みが性差別として成立しており、それによって同性愛者だけでなくアセクシュアルやアロマンティックの人々も周縁化されるということなのです。もちろん、人々を性愛や恋愛へと追い込む要因には、恋愛や結婚は素晴らしいものだという価値観が社会で影響力を持っている、という状況もあります。ですが、単なる価値観だけでなく、経済的なシステムの問題も関わっていることを見落としてはなりません。

セクシュアリティと親密性の結びつき？

ここまで、セクシュアリティが婚姻という制度と結びつけられる状況について確認しました。しかしこれ以外にも、セクシュアリティが直接的に親密性[*2]と結びつけられることがあります。たとえば日本でも１９７０年代になると、ある性行動が「望ましい」とみなされるかどうかの基準として、その行為に「愛」や「親密性」がともなっているかどうかが重視されるようになりました。このような発想を、社会学者の赤川学は「親密性パラダイム」と呼んでいます（赤川 1999: 382）。

親密性の変容

セクシュアリティの議論において親密性が重視される状況は、学術研究にも表れています。そのような議論が盛り上がるきっかけとなったのが、イギリスの社会学者アンソニー・ギデンズの『親密性の変容』です。ギデンズの議論は、近代社会とはどのようなものなのかという、抽象的な社会理論にもとづくものなのですが、詳しく説明すると長くなってしまいますので、ごく大雑把に紹介したいと思います。

ギデンズが近代社会の特徴として挙げるのが、再帰性です。再帰性とは、跳ね返って再び戻ってくる、といった意味の言葉ですが、ギデンズが論じるのは社会における再帰性です。近代社会では、人々の行為や生き方、そして社会の変化する仕方が、再帰的なものになっている、というのがギデンズの発想です。

近代以前の伝統的な社会では、「自分とは何者なのか」「どのように生きるべきなのか」といった問題は、地域や身分や宗教などによって、当人が生まれたときから固定されていました。しかし近代社会では、身分などの属性から個人が解き放たれた結果、各人がアイデンティティやライフスタイルを自らの責任で形作っていかなければならなくなります。

そうなると、「私はこの先どうやって生きていこうか」と考えるときに、「自分は今までどのように生きてきたか」と振り返ったうえで、次の活動を決めることになっていきます。また同時に、「今の社会はどういう状況になっているのか」ということも考慮に入れるでしょう。ごく身近な例で言えば、ニュースなどを見て「これから景気がよくなるわけではなさそうだな」と判断して、無駄遣いを控える、といった感じです。

こうして、近代社会では自分自身のあり方や生き方を、伝統的な秩序に頼らず、自ら再帰的に形作っていくことになります。つまり「ポスト伝統的な秩序においては、自己は再帰的プロジェクトとなる」のです（ギデンズ 2005: 36）。このような再帰性は近代初期から見られるものですが、近代の後半（つまり現代）にさらに再帰性が強まったというのがギデンズの理論です。

そのため現代社会は「後期近代」とも呼ばれます。

そしてギデンズが注目するのは、同様の変化が親密関係にも生じたという点です。伝統的な社会では家の都合や身分などによって結婚相手が決められていましたが、近代社会ではパートナーを自ら選択しなければならなくなります。そのときに社会で広まったのが、「ロマンティック・ラブ」という観念です。これは単なる恋愛ではなく、ただ一人の理想的な相手との永遠の愛という、この時期に影響力を持っていた特殊な恋愛観です。

ロマンティック・ラブの実践には、相手が自分のことをどう思っているか、あるいは自分自身が相手のことをどう思っているか、といった「自己への問いかけ」がある程度含まれています。つまりロマンティック・ラブには、二人の関係を再帰的に捉え返しながら営んでいくものという側面があったのです。

とはいえロマンティック・ラブは、「恋愛感情を抱いている相手と結婚すべき」という恋愛結婚につながり、結婚制度に取り込まれていきます。結果として、ロマンティック・ラブは「女性」を家庭へと押し込めるものとなりました。先ほど婚姻制度と経済システムの結びつきについて説明しましたが、ロマンティック・ラブという理想もまたその結びつきを維持する要素となったと言えます。

これに対して、後期近代になるとロマンティック・ラブとは異なる親密性が出てきた、とギデンズは主張します。それが「純粋な関係性」です。純粋な関係性とは、何らかの打算的な目的のために関係を結ぶのではなく、ただ相手との関係を保つこと自体を目的とする結びつきです。

純粋な関係性は、関係を保とうというお互いの「努力」がなければ成り立ちません。関係をどのように保つか、またそもそも関係を保つほどのものなのか、といった問題に絶えず応え続けていくことが必要になります。この意味で、純粋な関係性はロマンティック・ラブ以上に再帰性が徹底されたものだと言えます。

このような親密性は、もはや「特別な人」との運命的な出会いを待つロマンティック・ラブとは別物です。そこで営まれるのは、「特別な関係性」を能動的に作り上げていくという実践なのです（ギデンズ 1995: 95）。そのためギデンズは、純粋な関係性にもとづく親密性を「コンフルエント・ラブ（ひとつに融け合う愛情）」と呼び、ロマンティック・ラブと区別しました。

コンフルエント・ラブでは、お互いが「対等な条件のもとでの感情のやり取り」をすることで、「純粋な関係性の原型」へと近づくことができます（ギデンズ 1995: 96）。こうした親密性が先駆的に見られたのは同性愛者の関係性ですが、ジェンダー平等の進展によって異性愛者の間でもこのような関係が生じるようになりつつある、というのがギデンズの見立てです。要するに、後期近代における再帰性の徹底、対等なコミュニケーション、そしてジェンダー平等という要因によって、新たな親密性が生じるようになったというわけです。

親密性の強調の功罪

ただしギデンズの議論に対しては重要な批判もなされています。ひとつは、ギデンズの言うような対等な親密関係は、実際にはほとんど実現されていないという指摘です。社会のなかではジェンダー不平等が依然としてさまざまな領域に横断的に広がっています。また異性愛夫婦についても、必ずしも対等で平等な関係が達成されているわけではありません。ギデンズの議論は、ある意味でこうした問題を覆い隠すものになってしまっているのです（Jamieson 1999）。

また、再帰性が高まればより対等な関係になる、という単純な考え方にも批判がなされています。純粋な関係性を作っていくためには、お互いがうまく自己開示することによって、感情を通じ合わせることが必要です。ところが異性愛夫婦の間では、感情を調整するための努力を「女性」がより強く負担するという状況が起こりがちです。その結果、純粋な関係性を再帰的に目指していく営みは、むしろ異性間で対等になりにくいことがあるのです（岡田 2023）。

コンフルエント・ラブ論は、対等な親密関係が現代社会におけるある種の理想像になっていることを示している点で、参考になるものですが、先行研究が批判しているように、ギデンズの議論は実証的なものではなく、またジェンダーの論点を十分に考慮できていません。

これに加えて、ギデンズの議論は強制的性愛への批判を欠いています。ギデンズは、「かつて愛情は、ほとんどの性的に『正常な』人びとにとって、婚姻を介してセクシュアリティと結びついていた。しかし、今日、愛情とセクシュアリティは、純粋な関係性を介してより一層強く結びついている」と論じています（ギデンズ 1995: 90）。強制的性愛について説明したように、セクシュアリティは愛や親密性と結びつくことによって、あらゆる人々に押しつけられるものとなっています。そのためアセクシュアルやアロマンティックの立場からは、ギデンズが描いているような社会は必ずしも望ましいものとは言えないのです。

そして親密性とセクシュアリティを結びつける見方は、性科学のなかでも打ち出されています。そこでは、従来の性器中心的な考え方では「女性」のセクシュアリティを捉えることができないという批判から、「女性」のセクシュアリティは「男性」のセクシュアリティとは異なるものなのだという理論が作られました。具体的には、女性の性的反応は、自発的な衝動よりも、パートナーとの親密さやパートナーからもたらされる刺激を受容することによって生じるのだ、という考え方です。「女性の性的反応は身体的な性的興奮というよりも親密なニーズに起因することが一般的である」（Basson 2000: 51）という形で、「男性」と「女性」ではセクシュアリティのあり方が異なるのだと主張されたのです。

このような考え方は、一面では性器中心的な発想を問い直すものですが、しかしながら別の問題を持ち込んでしまっています。それは、「男性」のセクシュアリティは自発的で能動的であるのに対して、「女性」のセクシュアリティは受容的で受動的だ、というステレオタイプです。言い換えれば、「女性」のセクシュアリティは潜在的で本人が自覚しておらず、親密な他者から刺激されて「目覚める」という発想です。

「女性」のセクシュアリティは受容的なものだという考え方に対しては、「女性」が望まない性交渉を拒否することを難しくさせてしまうという批判があります（Tyler 2008）。またこうした発想は、アセクシュアルはまだ性的に目覚めていないだけだという発想と地続きであり、「女性」のアセクシュアリティを否定することになりかねないと批判されています（Przybylo 2013）。これはまさに、セクシュアリティが親密性に紐づけられることによって、アセクシュアルの存在が見えなくなってしまうという、強制的性愛の問題です。

このように、愛や親密性への注目は、ある面では男性中心的なセクシュアリティ観を問い直すものではありますが、しかし別の仕方で強制的性愛を温存してしまうことがあります。これに加えて親密性パラダイムには、親密性と結びつかないとみなされるセクシュアリティを価値の低いものとして扱う偏見につながるリスクもあります。愛や親密性はなんとなく好ましいものだと思われがちなだけに、そこに潜む問題を注意深く考えなければなりません。

註

＊1　ただしフーコーのセクシュアリティ論が経済やジェンダーを完全に無視していたわけではありません。たとえばフーコーはフランスでの中絶解放運動に関与していました（相澤 2021）。あるいは「新自由主義者」が「子どもを養育する母親」をどう捉えているかに関する考察にも、フェミニズムの観点から議論を引き出すことができます（中井 2021）。このような議論も含めて、近年のフーコー研究については、京都大学人文科学研究所『狂い咲く、フーコー』で一般向けに紹介がなされています。

＊2　「親密性」という概念については、英語と日本語でややニュアンスが異なる点に注意が必要です。「親密性」は英語では intimacy ですが、この語には性的な関係というニュアンスが含まれる傾向があります。これに対して、日本語の「親密性」には、必ずしも性的なニュアンスはなく、むしろ家族のような関係をイメージして使われがちだと指摘されています（野口 2013: 197）。

第8章　Aro/Aceの周縁化を捉えるために

セクシュアリティとジェンダー

ジェンダー化される（ア）セクシュアリティ

前章では、強制的性愛がどのようにして成立しているのか、フーコーの理論を中心に見てきました。ここまでの議論で強調してきたように、セクシュアリティはジェンダーに関する論点と密接に結びついています。そのため、ジェンダーとセクシュアリティの関係をどのように理解すればよいのか、あらためて考えてみたいと思います。

第5章で、強制的異性愛と性差別は不可分に結びついているというアドリエンヌ・リッチの問題提起について述べました。この指摘はものすごく重要なものですが、強制的異性愛がジェンダーと関連しているというのは、ある意味では当たり前でもあります。そもそも規範的な

「異性愛」は男／女の関係ですから、そこではすでに男／女というふたつの性別があることが前提になっているのです。この意味で、異性愛に関する規範が男／女というジェンダーと何らかの形で関係しているというのは、言葉の定義からして当たり前だと言えるでしょう。

これに対して、アセクシュアルやアロマンティックの立場からの問題提起は、強制的性愛は必ずしも異性愛の強制だけでは説明できない問題だというものでした。つまり強制的性愛とジェンダーの関係は、単に「言葉の定義からして当たり前」という形では説明できないのです。それでは、両者の関係をどう考えればよいのでしょうか。

性の二重規範——セクシュアリティ概念のジェンダー非中立性

まず言えるのは、ジェンダーとセクシュアリティの関係という点では、フーコーのセクシュアリティの装置論は不十分だということです。『性の歴史Ｉ』でジェンダーに関する論点が直接的に触れられているのは、18世紀以降にセクシュアリティの装置を発展させた戦略のひとつとして「女性の身体のヒステリー化」が挙げられている箇所ぐらいです。フーコーの理論では、ジェンダーに関する論点はあくまでセクシュアリティに付随するものとしてしか扱われていませんでした。

これはフーコーの考え方に問題があるというよりも、フーコーが分析対象にした時代の問題という側面が大きいと思います。たとえば日本でも、少なくとも近代初期（明治から戦前昭和期）において、親密性から切り離されたセクシュアリティが成立可能だったのは、あくまで「男性」の立場においてだけでした（赤枝 2011）。単純化して言えば、「男性」には結婚の外での（性産業を利用するなどの）性行為が社会的に認められていたのに対して、「女性」はそれを許されていなかったわけです。

こうして、セクシュアリティという観念そのものが、「男性」的な経験や現象をもとにして形作られていたのではないか、という問題提起がなされていきます。すなわち、「セクシュアリティという概念装置の中では、性的欲望の主体として想定され基準となるのは男性であり、女性に性的欲望があったとしても、それはあくまでも二次的な（男性の欲望を模倣した）ものとして扱われるにすぎない」ということです（赤枝 2011: 21）。このような状況のなかでは、たとえばレズビアンの人々は、「『女性に性欲はない』という『常識』と同時に、『レズビアン＝女に対して男のような性欲をもつ者』という歪《ゆが》められたイメージ」に苦しめられることになります（掛札 1992: 16）。

もちろん、このようなセクシュアリティ概念のあり方に対しては批判がなされています。前の章で見たように、フェミニズムの成果として性器中心的な性科学が批判され、セクシュアリティの領域で心理的要素や親密関係が考慮されるようになっています。また、「アセクシュアル」というあり方がセクシュアリティの領域で真剣に議論されるようになっていること自体が、「セクシュアリティ」なるものについての見方が変化しつつあることを示しています。

とはいえ現在でも依然として、「男性」と「女性」では性的な活動について異なる規範を適用される状況があります。これが「性の二重規範《ダブルスタンダード》」と呼ばれているものです。そこでは、「男性」は性的欲望を持っている存在であり、とくに「女性」に対してそのような欲望を向けることが「自然」だとみなされています。これに対して「女性」は性的な欲望を向けられる側とみなされており、「男性」と同じような仕方で性的に積極的に活動すると非難されます。

言うまでもなく二重規範の具体的な内容は、時代や文化ごとに異なっていますが、現代の日本社会でも「男性＝性的欲望の主体」「女性＝性的欲望の対象」という構図は根強く存在します（風間 2018）。言い換えれば、「男らしさ」「女らしさ」に関する規範がセクシュアリティとも密接に結びついているのです。

強制的性愛のジェンダー非対称

そしてこの二重規範によって、「男性」のアセクシュアルと「女性」のアセクシュアルでは異なる扱いを受けることになります。たとえば、アセクシュアルの人々が被る認識的不正義（第4章一一一ページ以降を参照）についてインタビュー調査をした論文では、アセクシュアルの認識的不正義は大きくジェンダー化されていると指摘されています。

「女性」（およびAジェンダーやノンバイナリーなどのうち、社会的に女性として扱われることのある人々のアセクシュアルがカミングアウトしたとき、次の4つの仕方でカミングアウトを打ち消されることがあります。[*1] それは、①理想の男性を待っているのだろう、②女性ならセックスしたくないというのは普通だ、③ただの不感症だ、④よいセックスをできる男性なら「治す」ことができるはずだ、というものです（Cuthbert 2022）。

②は性の二重規範の典型として、もっとも分かりやすいものだと思います。また性の二重規範という点では、前章で触れた「女性のセクシュアリティは受け身的」という考え方が①につながっており、また③は第2章で触れた病理化の話とも関連するものです。

「女性」のアセクシュアルは、「女性は性的に積極的であるべきではない」というジェンダー規範に合致することが多く、その点においては「気楽」だと感じる人もいます（Gupta 2019; Cuthbert 2022）。とはいえ、これは決して「女性」のアセクシュアルが「正当」なものとして認められやすいというわけではなく、性の二重規範のもとで不可視化されているのだという点に注意が必要です（実際、このような「女性」イメージのせいで、アセクシュアルを自認するのに時間がかかったという人もいます）。

④は①と同じく、「女性」のセクシュアリティは男性によって「目覚めさせられる」ものだ、

という発想と関わっています。このような考え方のもとでは、「女性」のアセクシュアルの人が性行為を拒否したとしても、「実際にやってみれば気に入るはずだ」と性行為を強要されることがあります。これはセクシュアリティを「矯正」しようという発想でのレイプであり、「矯正レイプ（corrective rape）」と呼ばれるものです。実際に調査のなかでも、アセクシュアルの「女性」がこのような矯正レイプの被害に遭った事例が報告されています（Cuthbert 2022）。

別の研究でも、「女性」のアセクシュアルのほうが望まない性行為を経験しやすいと指摘されています（Gupta 2019）。ここには、同意のない性行為だけでなく、同意はしているものの望んでいない性行為も含まれます。パートナーからの性行為を断ると暴力を受けるかもしれないという恐れから性交渉に同意したり、あるいは「付き合っているのならセックスをするものだ」という価値観によって性交渉を断れなかったりすることがあるのです。「強制的性愛」には、まさに性的行為を強制するという側面もあると言えます。

これに対して、「男性」（およびAジェンダーやノンバイナリーなどのうち、社会的に男性として扱われることのある人々）への調査では、ここまで挙げたものとは異なる経験が見られると指摘されています。「男性」がアセクシュアルであると表明した場合、何らかの逸脱的な欲望を隠しているのではないかと疑われることがあります。たとえば、本当は同性愛者であることを隠すために、アセクシュアルだと言っているのではないか、という疑惑を向けられるのです（Cuthbert 2022）。「男性」は性的な欲望を持っていることが当然視されるからこそ、アセクシュアルであることに対する疑いは、「女性」に向けられるものとは異なる形をとるのです。

別の調査でも、アセクシュアルやアロマンティックの「男性」は、社会のなかで「望ましい」とされる「男らしさ」とのズレを経験すると指摘されています。言い換えれば、アセクシュアルやアロマンティックの「男性」は、「ヘゲモニック（覇権的）な男性性」と緊張関係にあるのです（Tessler and Winer 2023）。

すこし話は逸れますが、「ヘゲモニックな男性性」という概念について説明しておきます。まず「男性性」というのは「マスキュリニティ」の訳語で、「男らしさ」とか「男性としてのあり方」というニュアンスで使われる言葉です。男性性にはいくつかのタイプがあるのですが、それぞれの男性性の間にはヒエラルキーがあって、優位な男性性と従属的な男性性があります。さらにこの男性間での序列化は、女性を従属的な位置に置く仕組みと密接に結びついています。

このような発想にもとづいて、オーストラリアの社会学者レイウィン・コンネルは4種類の男性性を区別しました。そのうちのひとつが、①男性支配的な社会において規範的とされる男性性である「ヘゲモニックな男性性」です。そしてこれ以外の男性性は、②「女々しい」「軟弱」とみなされて貶められる「従属的な男性性」、③ヘゲモニックな男性性を体現しているわけではないものの男性支配から利益を得ている「共謀的な男性性」、④ジェンダー以外でマイノリティの立場にある男性（黒人男性や労働者階級の男性など）を指す「周辺化された男性性」です（コンネル 2022: 100-105）。

本題に戻りましょう。先ほど触れた調査が示唆しているのは、「（女性に対する）性的欲望を持ち、性的に積極的に行動する」というのが、現在の社会におけるヘゲモニックな男性性の一要素となっているということです。だからこそ、アセクシュアルやアロマンティックであることが、「ヘゲモニックな男性性」との緊張関係につながると言えます。実際に「男性」のアセクシュアルのなかには、普段の会話のなかでセックスに関する話題が出た際に気まずさを覚えたり、性的な関心があるかのようなフリをしたりする、という人もいると指摘されています（Tessler and Winer 2023）。

ところで、「男性は（異性に）性的に惹かれるのが当たり前」とみなされがちなのに対して、「女性は（異性に）恋愛的に惹かれるのが当たり前」とみなされがちではないか、という議論があります。つまり「男性」は性的な関心を持っているのに対して、「女性」はロマンティックだ、というイメージです。たしかに、「女性」のほうが恋愛に関心を持つよう促されがちだという傾向はあるかと思います。

しかしながら、「男らしさ」が恋愛からまったく切り離されているというわけではありません。調査を通して、性的な規範だけでなく恋愛に関する規範も、ヘゲモニックな男性性と結びついていることが指摘されています（Tessler and Winer 2023）。「普通の男性」なら恋愛をするはずだというプレッシャーも存在するのです。また、異性と交際関係のある人の場合、パートナーから恋愛や性愛に関する期待を押しつけられることもあるようです（Gupta 2019; Tessler and Winer 2023）。

他方で、アセクシュアル男性のなかには、女性から性的にアプローチされることがないおかげで、アセクシュアルであることをあまり気にせずに済んでいる、と語る人もいます（Gupta 2019）。これは先ほど述べたアセクシュアル女性の置かれる状況とは正反対なものです。[*2] グプタが指摘しているように、Aro/Ace の男性もまた男性支配的な仕組みから結果的に利益を得ている側面があるという点にも注目する必要があります。

このように、ジェンダー規範は男女に対して異なるものとなっており、それが Aro/Ace にも関わっています。とはいえジェンダー規範を加味した比較研究は、日本ではまだほとんど蓄積がありません。今後の研究ではジェンダーの観点を組み込んだ調査が不可欠だと言えます。

Aro/Ace であることと性自認の関係

ここまで見てきたように、ジェンダーに関する規範とセクシュアリティは密接に関わっています。とりわけ、異性に惹かれるということが「男らしさ」や「女らしさ」と密接に結びついているのです。そのため、異性に惹かれないということによって「男らしさ」や「女らしさ」に距離を感じるようになる、という人が出てきます。

たとえば思春期頃の学校生活では、恋バナや猥談《わいだん》のような場面で、異性に性的・恋愛的に惹かれることを当たり前とするような状況が生じがちです。そのときに、異性への惹かれがないということによって、周囲の「同性」とされてきた人々との違いを強く感じる人も出てきます。つまり異性への惹かれがないということを通して、自分の性別違和に気づくという人がいるのです（Cuthbert 2019; 武内 2021; 佐川 2024）。

Aジェンダーやノンバイナリーやジェンダー・ニュートラルであり、かつアセクシュアルであるという人々に対して行われた調査があります（Cuthbert 2019）。このような人々のなかには、自身のジェンダーのあり方がセクシュアリティと不可分に結びついているという人もいます（もちろん両者が別物だと強調する当事者もいます）。第1章で性自認と性的指向を概念的に区別しましたが、実際の生活における実感として、両者が一体化しているという人もいるのです。

性的指向と恋愛的指向を区別する枠組みが万人のあり方を捉えられるものではないのと同じように、性自認と性的指向を別の概念として切り分ける枠組みもまた普遍的なものではありません。第2章で触れた「SAMの規範化」と同様、「SOGIの規範化」にも注意しなければなりません。つまり、性自認と性的指向の区別もまた唯一の真理ではなく、便宜的な説明ツールだということに留意が必要です。

Aro/Aceとトランスジェンダーの関係を調べる研究は、まだほとんど行われていません。もちろん（Aジェンダー以外の）トランスジェンダーのなかにもアセクシュアルの人はいます(Sumerau et al. 2018)。こうした人々は、シスジェンダーのAro/Aceと異なる状況に置かれていたり、異なる経験に直面したりする可能性がありますが、詳しいことは今後の研究が必要です。

フェミニズムやクィアの運動と強制的性愛

ここまで見てきたように、Aro/Aceをめぐる問題はフェミニズムやクィアの議論と密接に結びついています。実際にフェミニズムやクィアの蓄積はAro/Aceにも大いに役立つものが含まれています。とはいえ、実はフェミニズムやクィアの運動や議論のなかには、Aro/Aceを排除するようなものもあります（Milks 2014; Gupta 2015)。この点について、作家でフェミニスト研究者のメーガン・ミルクスの論考をもとに、いくつか事例を挙げていきます。

まずはフェミニズムの歴史における事例です。大雑把に言うと、１９７０年代から１９９０年代頃にかけて、フェミニズムのなかではセックスやセクシュアリティをめぐって大きな対立が起きていました。いわゆる「フェミニスト・セックス戦争（feminist sex wars）」と呼ばれるものです。かなり単純化した整理ではありますが、「セックス・ネガティブ」の立場と「セックス・ポジティブ」の立場の論争がフェミニズムのなかで巻き起こっていた、とまとめられる論争です。

「セックス・ネガティブ」の立場からは、現状の異性愛はすべて例外なく男性支配に毒されているという主張や、性的主体としての男性が女性を性的対象にするというセクシュアリティのあり方こそが男性支配の根源にあるのだという主張がなされていました。またこの立場は「反ポルノグラフィ」の主張を掲げていました。これに対して「セックス・ポジティブ」の立場は、セックス・ネガティブのフェミニズムが女性の性的な主体性を否定していると反論し、セックス・ネガティブ派によって差別的だと切り捨ててきた性的実践に抵抗の可能性があるのだと主張しました。後者のセックス・ポジティブの立場は、のちにクィアの運動へとつながっていきます。

この論争は一見すると相反する立場の議論のように思われるかもしれません。ですが実はいずれも、真に解放されたセクシュアリティは何なのか、どのような性のあり方が進歩的なのか、という枠組みの議論になっているのです。セックス・ネガティブの側では、男性を排したレズビアンのセックスや、禁欲主義的な実践が「正しい」セクシュアリティとみなされます。それに対してセックス・ポジティブの側からは、これまでタブー化されたり抑圧されたりしてきた性行為こそが政治的に価値あるものだとみなされ、異性愛的な男性支配を模倣していると思われてきたタイプのレズビアン（ブッチ／フェム）の実践や、ＳＭの実践が評価されました。

念のため付言しておきますが、この整理はかなり大雑把なものだと思います。実際には、個々の論者がどのような主張をしているのか、という点について丁寧に見ていく必要があります。たとえば「セックス・ネガティブ」派にくくられる論者でも、性差別的でない異性愛の可能性そのものは否定していないという人はいます。逆に「セックス・ポジティブ」とみなされる論者でも、特定の性行為そのものを称揚したり推奨したりするわけではなく、あくまでセックス・ネガティブな主張に含まれる偏見や固定観念を批判しているのだという場合もあるでしょう。いずれにしても、個々の論者を評価するうえでは、著作を細かに読む必要があります。

とはいえ、個々の論者が精緻な議論をしているとしても、もっと漠然としたイメージや、あるいはコミュニティのなかの雰囲気というレベルで言えば、単純化された「風潮」のようなものがあるのは否定できません。さらに、フェミニズムやクィアの言説が社会に広まっていく過程で、単純化された形にゆがめられてしまうということもあります。

そのうちのひとつが、女性が性的に活発で積極的であることを、進歩的で解放された状態と短絡してしまうというものです。このような発想のもとでは、アセクシュアルの女性は「抑圧された女性」とみなされ、さらには政治的にも「未熟」な状態とみなされてしまいます。ある種のゆがめられた「フェミニズム」的風潮が、性的活動へのプレッシャーをもたらしてしまうことがあるのです。

同じような問題はクィアのコミュニティでも見られます。先行研究でも、レズビアン・コミュニティやゲイ・コミュニティで、性的活動がないことを望ましくない状態とみなすプレッシャーが見られるという指摘がなされています（Gupta 2015: 136-137; Tessler and Winer 2023）。こうした風潮のなかで望まない性行為に追い立てられるというのは、決して異性愛者だけの問題ではないのです。

さらに極端な場合には、クィアの立場の人々がAro/Aceに対してあからさまな差別的主張をすることもあります。たとえばアセクシュアルの人々がＬＧＢＴプライド・パレードに参加したことに対して、ＬＧＢＴアクティヴィストでコラムニストのダン・サヴェッジは、アセクシュアルは単にセックスをしないという選択をしただけの人々だと主張したうえで、「（アセクシュアルのコミュニティは）かれらの権利のために行進する必要なんてなかった。ただ家にいて、何もしなければいいのだ」と言ったことがあります[*3]（Mosbergen 2013）。このような見方はクィア・コミュニティのなかでも散見されるものです（Milks 2014: 109）。

同じような事例は日本でも見られます。たまたま見かけた事例ですが、あるクィア研究者・

アクティヴィストが、「最近はアセクシュアルへの配慮のせいで、LGBTコミュニティ内で性的な話を語りづらくなるようだ」「昔はゲイ・コミュニティにもレズビアン・コミュニティにもトランスジェンダー・コミュニティにもアセクシュアルの人はいなかったから、配慮する必要もなくエロ話ができたのに」といった趣旨の文章を、ブログやSNSで公開していました(論考などで大々的に主張したわけではないので、名前は出しませんが)。

このような発想は、「アセクシュアルの人＝性的な話をできない人」という固定観念に陥っていると同時に、「アセクシュアルでない人＝性的な話を配慮なく振ってよい」という決めつけをしてしまってもいます。実際には、アセクシュアルでない人にも性的な話を好まない人はいますし、アセクシュアルの人でも性的な話をできる(あるいは好む)人はいます。その日の気分や、具体的な話題の内容、あるいは話し相手が誰かによっても変わってくるでしょう。性的な話をする場／しない場を作るための工夫や配慮は、相手がアセクシュアルであるかどうかとは別の問題です。

さらに第2章で触れたように、少なくともレズビアン・コミュニティでは2000年代より前からアセクシュアルの人々が存在した、ということがはっきりと記録に残っています。Aro/Aceの人々は、最近になって初めてクィア・コミュニティに現れたわけではないのです。Aro/Aceの存在がクィアの人々の間でも無視されることがあるという点に注意が必要です。

ここまでセックス・ポジティブ的な風潮の問題を挙げてきました。とはいえ、ではセックス・ネガティブ的な主張ならばAro/Aceにとって有益なのかというと、そうとも言えないところがあります。とくに問題が生じるのは、アセクシュアルという概念をある種の「政治的シンボル」として利用する類の議論です（Milks 2014）。

このような議論は、実際に生きている当事者の状況を無視しながら、アセクシュアルについて語るものです。つまり実際のアセクシュアルの人々の生活実態からズレたイメージを流布することになってしまうのです。さらにこの種の議論は、「成熟した政治的主体」としての「あるべき」性行動を打ち出してしまっており、その点ではゆがめられたセックス・ポジティブと同じ罠にはまっています（Milks 2014）。

そもそもセックス・ポジティブとセックス・ネガティブを相反する二元的なものとみなす発想自体が間違いだとも言えます。「性的な主体は解放されているか抑圧されているかのどちらかだ」という発想そのものが「本質的に誤った二元論」なのです（Milks 2014: 114）。

性をめぐる自由を議論するうえでは、「性への自由」だけでなく「性からの自由」についても考えなければなりません。このことはフェミニズムのなかでも以前から指摘されています。ほんの一例ですが、黒人女性のフェミニストであるベル・フックスは、セックス・ポジティブな「性解放」が「個人のより豊かでより良い性行為を可能にすること」を目的としてきたことに対して、「多くの人びとが耐えがたいと感じる性規範のひとつの側面は、人は性行為をする『べきである』という前提そのものである」と明確に指摘しています（フックス 2017: 204）。

性解放よりむしろ性的な抑圧に終止符を打つことに一番重点をおくなら、性行為をするという選択と同じように性行為をしないという選択もまた性の自由、すなわち性解放のひとつのあらわれであるとする社会を心に描くこともできるはずである。（フックス 2017: 204）

あるいは、第6章で触れた「快楽の脱セクシュアリティ化」は、セックス・ポジティブとも両立しうるものです。実際、アセクシュアルの人々のなかには、たとえばマスターベーションやSMのような、主流社会で「性的」とみなされているものを「性的でない」ものとして経験している人々がいます。こうした人々の「脱セクシュアリティ化」は、セックス・ポジティブとも共存可能だと指摘されています（Gupta 2017）。

第6章で説明したように、一見すると規範に順応するような実践であっても、文脈や状況によっては、重要な意義のあるものとして評価すべき場合があります。抵抗になる実践とならない実践を区別する理論的基準をトップダウン的に設定すると、人々の実際の活動やあり方を無視することにつながります。実態を無視したまま、何らかの性的活動（あるいはその不在）そのものを特定の政治的主張と一対一に紐づけることは不当だということに注意してください。

強制的性愛と障害者差別

ここまでセクシュアリティとジェンダーの関係を議論してきましたが、セクシュアリティと結びついているものはジェンダーだけではありません。第5章で説明したように、強制的性愛のもとではセクシュアリティが「正常さ」や「健康」と結びつけられています。このような状況では、「正常」な人や「健康」な人は必ずセクシュアリティを持っているはずだとみなされるわけですが、それと表裏一体として、「正常」でない人や「健康」でない人はセクシュアリティを欠いているはずだとみなされるのです（Kim 2011）。

たとえば「障害者」に対しては、「性的に無垢《むく》」というステレオタイプが向けられて、性的欲望を持ったり性的活動をしたりする主体ではないとみなされてきました。また、性教育にアクセスする機会を奪われたり、子どもを持つのに不適格だとみなされたり、本人が望まないまま強制的に不妊手術を受けさせられたりしてきました。同時に、とくに障害女性は性暴力や望まない妊娠の被害に遭いやすいという状況に置かれてきました（このことが強制不妊手術の正当化に利用されることもあります）。要するに、一方で障害者は「無性の存在」とみなされつつ、同時に障害者の性は「管理」すべき厄介なものとして警戒されたり、「性暴力やフェティッシュな欲望の対象」とされたりしてきたのです（倉本 2002: 120）。

こうした問題に対抗するために、「障害者の性」に関する議論や、「障害者の性の権利」をめぐる運動が展開されてきました（瀬山 2005; 飯野 2022）。障害者もまた性的な存在なのだということが強調されたのです。また、障害者の性をめぐる議論においても、性の二重規範が働いていることが指摘されてきました（松波 2005; 飯野 2022）。たとえば、障害男性の場合は性欲を持つことが「自然」だと認識されるのに対して、障害女性の場合は「恋愛・結婚に憧れることは当然視され、それを目指して努力することは肯定されるが、性行為や自らの欲求に関心をもつことはさして促されない」という状況があるのです（松波 2005: 50）。加えて、障害のあるＬＧＢＴＱの人々が周縁化されてきたことも指摘されてきました（瀬山 2005; 欧陽 2023）。

ここで注目すべきは、障害者の性をめぐる運動が、障害者を「無性的」というイメージから切り離すという方向性を持っていたという点です（Kim 2011）。このような議論のなかでは、性や恋愛に対して関心や欲望を持たない障害者は、主流社会の規範によって抑圧されているとみなされることになります。つまり、障害者コミュニティのなかで、Aro/Ace であることが「抑圧を内面化している」と決めつけられるリスクが出てきたのです。

これに対して、Aro/Ace コミュニティでは逆に「健康」や「健常」であることが強調される傾向があります。この背景には、アセクシュアルであることの「原因」は何らかの病気や障害なのだ、とみなす社会のイメージがあります。そのためアセクシュアルの運動では、そのイメージに対する抵抗として、アセクシュアルであることは「健康」なのだということを強調してきました（キム 2015）。その結果、Aro/Ace かつ障害者である人々は「正当」な Aro/Ace ではない、という風潮が生じたのです。

このようにして、障害者かつ Aro/Ace の人々は、「障害者」というカテゴリーに対しても、「Aro/Ace」というカテゴリーに対しても、ある種の緊張関係を経験することになります。もちろん、Aro/Ace コミュニティが常に障害者を排除しているわけではなく、また障害者コミュニティが Aro/Ace と相容《あい い》れないというわけではありません。実際に、アセクシュアルかつ障害者という人々に対する調査でも、かれらがコミュニティからあからさまに拒絶されているわけではないという指摘があります（Cuthbert 2017）。

とはいえ、障害のあるアセクシュアルの人々は、自分たちが「公式の」アセクシュアルからは外れているのではないかと感じることがあります。アセクシュアルの運動では「アセクシュアルは病気や障害とは別の概念だ」と強調されがちです。しかし障害のあるアセクシュアルの人々のなかには、アセクシュアルであることと自身の障害は結びついていると感じる人もいます（Cuthbert 2017）。性的指向と性自認を切り離す図式が普遍的ではないのと同じように、障害とアセクシュアルを切り離す見方もまた万人に当てはまるものではないのです。

障害のあるAro/Aceの人々は不可視化されがちであり、研究もまだまだ少ないのが現状です。また日本の障害学ではAro/Aceへの言及がほとんどなされておらず、逆に日本のAro/Ace研究でも障害のある人々への調査はまだ行われていません。このような観点からの議論は、日本社会でもこれから積み重ねていかなければならないものです。

強制的性愛と人種差別

セクシュアリティは人種差別とも結びついています。分かりやすいのは、「人種」に紐づけられた性的ステレオタイプです。人種的なマイノリティは、過剰に性的な存在だというステレオタイプを押しつけられたり、逆に性的でない存在だというステレオタイプを向けられたりすることがあります。このふたつの方向性は一見すると正反対に思われるかもしれません。しかしここで重要なのが、「性的」であることと「正常さ」が結びつけられているという、強制的性愛です（Gupta 2015）。つまり「正常」で「基準」となるような人々以外に対して、性的な「異常」や「逸脱」というイメージが貼りつけられるのです。

ある人々が過剰に性的とみなされることと、過少に性的とみなされることは、どちらも性的に「異常」視されるということです。前者を「過剰な性化《ハイパーセクシュアライゼーション》（hypersexualization）」、後者を「過少な性化《ハイポセクシュアライゼーション》（hyposexualization）」と呼びます。過少な性化は「脱性化（desexualization）」

と呼ばれることもあります。第6章で触れた「脱セクシュアリティ化」と同じ単語ですが、ここではニュアンスが違います。脱セクシュアリティ化は、セクシュアリティを強制する社会に対する抵抗として、自らセクシュアリティから距離を取ることです。これに対して脱性化は、性的な存在でないというイメージを社会から押しつけられることです。

　英語圏の研究で指摘されるのは、黒人やラテン系の人々を過剰に性化《ハイパーセクシュアライズ》するステレオタイプです。このようなステレオタイプは、白人、とりわけ白人女性の性的な貞節を望ましいものとみなす価値観と表裏一体のものです（Owen 2014）。平たく言えば、「自分たち白人はまともな性生活を送っているが、それにひきかえあいつらは……」という、白人を優位に置く価値観があるわけです。英語圏文化研究者のイアナ・ホーキンス・オーウェンが指摘しているように、アセクシュアルという概念は「白人化」されていると言えます（Owen 2014）。

　他方で、アメリカでは黒人女性を脱性化するステレオタイプも存在します。それが白人の家庭の子どもを育てる乳母「マミー（Mammy）」であり、飼いならされて性的欲望をなくした奴隷というイメージです。こうしたイメージを作り出すことによって、主人である白人男性を性的に「誘惑」することのない、都合のよい存在として黒人女性を利用していたと指摘されています（Owen 2014）。

　また、グプタが整理しているように、アメリカではアジア系男性を脱性化するステレオタイプも指摘されています（Gupta 2015）。かれらはアメリカでは「男らしくない」「オタクっぽい」（ここで言う「オタク」はgeekやnerdのことで、マンガやアニメの愛好者というよりは、マニアックなエンジニアという感じのイメージです）とみなされ、性的に活発ではないとみなされがちです。また男性にかぎらずですが、アメリカではアジア系の人々に対して、従順で自己主張しないというステレオタイプが強いです。しかし同時にアジア系女性は、植民地主義やオリエンタリズムの影響から、エキゾチックな性的存在として過剰に性化《ハイパーセクシュアライズ》されることもあります。

セクシュアリティが「正常」であることと結びつけられている社会では、マイノリティは自分たちが性的に「正常」であるとアピールせざるをえなくなります（Gupta 2015）。つまり一方で、脱性化された人々は、自分たちのセクシュアリティを強調することによって、自分たちの「正常」さをアピールすることがあります。他方で、過剰に性化された人々は、自分たちはそんなに性的ではないと強調することがあるのです。

このような状況のもとで、人種的マイノリティの人々はアセクシュアルと自認しづらくなることがあります（チェン 2023: 152-189）。たとえば、過剰に性化されがちな人種の人がアセクシュアルだと名乗ると、単に人種的なステレオタイプに対抗しているだけではないかとみなされることがあります（他者から言われるだけでなく、自分自身がそのような疑念にかられることもあります)。逆に脱性化されがちな人種の人々は、アセクシュアルだと自認しても、人種的ステレオタイプを内面化しているのではないかとみなされがちです。人種差別はAro/Aceについても重要な問題となっているのです。

人種と結びついた性的ステレオタイプは日本でも見られる問題です。ただし注意してほしいのが、人種に関する偏見やステレオタイプのあり方は、欧米と日本では異なる部分があるという点です。*4 そのため欧米での議論をそのまま日本社会に当てはめることはできません。だからこそ、今後は人種の論点を踏まえたAro/Ace研究を日本社会についても行わなければなりません。とはいえ、日本における人種と性的ステレオタイプについては、ある程度研究がなされています。

なかでも黒人に対するステレオタイプは、北米での議論と共通するところがあります。日本でも、黒人男性は「性欲が強く」「性器が大きい」というイメージを向けられがちであり(ラッセル 1995: 26)、性的な脅威とみなされることがあります。また黒人女性には「モラルがない」「乱交した性が好き」「売春婦」「不潔」といったステレオタイプがあると指摘されています(ラッセル 1995: 30)。このような性的ステレオタイプは近年でも見られるものです(ラッセル 2020)。

あるいは日本での例として、フィリピン人女性に対する「エンターティナー」「フィリピン女性」という「極度に固定化され、人種・ジェンダー化されたステレオタイプ」を挙げることもできます（小ヶ谷 2016: 143）。日本とフィリピンの制度的な制約によって、フィリピンから女性が単身で日本に移住する方法は、芸能・興行活動を行う人々向けの「興行ビザ」を用いたものに限定されてきました。それが「実質的には飲食店での接客業、ナイトクラブでのホステス業、性風俗産業などへの女性移住者の流入ルートとして機能してきた」のです（小ヶ谷 2016: 146）。このような歴史的・制度的な背景によって、日本社会ではフィリピン人女性をいわゆる「水商売」と結びつけるステレオタイプが成立しました。このようなステレオタイプは、彼女たちの子ども世代にも影響を与えており、いわゆる「フィリピンハーフ」の女性が「水商売」のイメージを押しつけられることもあります（下地 2018: 355-356）。

いわゆる「ハーフ」の人々が過剰に性化される傾向は、「フィリピンハーフ」にかぎったものではありません。現在の日本社会では「ハーフ」といえば「美人」「イケメン」だというステレオタイプがあり、「ハーフ」の人々は日常的に外見の美醜をジャッジされやすい状況です（下地 2018）。とくに「ハーフ」女性は「性的に奔放」というイメージを付与されることがあります（下地 2018: 300）。また、「ハーフ」男性に対しては「女性を誘うのがうまい」というイメージがあり、「単に女性と会話をしていたとしても、周囲から『さすがだね』と言われるという偏見の眼差《まなざ》しにさらされることがある」と指摘されています（下地 2018: 306）。

以上の例は決して網羅的なものではありませんが、ひとまず日本においても強制的性愛と人種差別が結びついているということは示せたかと思います。日本社会では、「日本人」を性的に「正常」なものと位置づけつつ、「外国人」を性的に「逸脱」した存在とみなす傾向があると言えるでしょう。そしてそこでは、人種的マイノリティの Aro/Ace とは異なる状況に置かれている可能性があります。今後は人種差別の問題を Aro/Ace の論点としても捉えていくことが必要です。

排除／抹消

インターセクショナリティ

ここまで説明したように、Aro/Ace の周縁化はジェンダー、障害、人種とも結びついています（もちろんこの説明もまったく網羅的ではなく、考慮すべきカテゴリーはほかにもあります）。セクシュアリティをめぐる規範や差別の問題を扱うためには、セクシュアリティだけを考えていては不十分なのです。このことを表す概念が、「インターセクショナリティ」です。

インターセクショナリティ（intersectionality）とは、さまざまな差別が交差しているということを表す用語で、「交差性」と訳されることもあります。道路の「交差点」を意味するインターセクション（intersection）という単語がもとになっている造語です。ところで、なぜ交差点というイメージが使われているのでしょうか。

インターセクショナリティという概念が生み出された背景には、当時の主流的なフェミニズム運動や黒人運動に潜む問題があります。フェミニズム運動では女性差別が批判されてきましたが、しかし往々にして人種差別に無頓着でした。これに対して人種差別に反対する運動は、しばしば男性中心的でした。このような状況では、黒人女性が直面している問題は、「性差別の問題に取り組む組織」からも「人種差別の問題に取り組む組織」からも取りこぼされてしまいます。つまり、単に性差別や人種差別だけを扱うやり方では、性差別と人種差別の「交差点」の問題をすくいきれないのです。

これを問題視したのが、黒人女性のフェミニズム（ブラック・フェミニズム）です。実際にインターセクショナリティという用語もまた、黒人女性のフェミニストであるキンバリー・クレンショーによって提起されたものでした（Crenshaw 1989）。黒人女性が受けている差別は、単なる「黒人差別」でも「女性差別」でもない、まさに「黒人女性差別」として対応しなければならないと強調されたのです。

このような歴史的経緯から生まれた「インターセクショナリティ」概念ですが、現在では人種とジェンダーの交差だけでなく、それ以外の差別の交差についての議論でも、この用語が使われています。本章で示したのは、インターセクショナリティという考え方が、Aro/Ace の周縁化を捉えるうえでも重要になるということなのです（ここではセクシュアリティとジェンダー、障害、人種の交差について説明しましたが、ほかにもたとえば階級や年齢など、本章で扱えなかった交差性もあります）。

抹消

インターセクショナリティの問題提起は、ある種の人々が存在しないことにされるという問題と関わるものです。このことを理解するうえで、マイノリティへの差別にはふたつのタイプがあることを確認しておきたいと思います。

ひとつは、あからさまに「普通」とは異なるとみなされて、名指しで攻撃されるというものです。たとえば「おかま」とか「障害者」という言葉を投げつけるという行為では、マイノリティを表す言葉そのものが、相手をけなす言葉となっています。このような、劣った存在としてマジョリティから差異化されることを、ここでは「排除」と呼ぶことにします。

これに対して、マジョリティから差異化されないことによって、存在を否定されるというものもあります。Aro/Ace の人々のカミングアウトに対して、「そんなの別に普通じゃない？」

とか「まだいい人に出会えてないだけだよ」という反応が起きるというのが、分かりやすい例です。このような仕方で「いない」ことにされるという周縁化を、「抹消」と呼びましょう（松浦 2023b）。

一見すると抹消は大したことのないもののように思われるかもしれません。ですが抹消を被る人々は、自分たちのあり方を結果的に否定されることになります。言い換えれば、認識的不正義を被ることになるのです。そして場合によっては、必要な支援を受けられなくなることもあります。そのような例として、ライターのメーガン・ジョーンズが経験した以下の事例が挙げられます。Aro/Ace の話からは逸れますが、重要な論点を示唆するものですので、ぜひ読んでください。

ジョーンズは博士課程に在籍する、弱視難聴の女性である。ふだん介助者を同伴せず、大体のことは一人でやっているせいか、周りからはよく「障害があるようには見えない」と言われる。以前、大学に対し、自分の調査やクラス内でのディスカッションを補助してくれるアシスタントをつけてほしいと要望した時も、「障害があるようには見えない」という理由で断られたことがある。ある日、彼女はショナという名前の聴導犬を手に入れた。ショナはシェパード犬そっくりだが、体重が一五ポンド（約六・八キロ）しかない。公共の場に行くときは、黒い文字ではっきりと「耳の聞こえない人のための聴導犬（Hearing Dog for the Deaf)」と書かれたオレンジ色のケープを着けている。ショナを連れて歩き始めると街の人たちから、一方では「まあ、なんて小さくて可愛らしい盲導犬でしょう。訓練中ですか？」と、他方では「この犬は盲導犬ではないから、建物から出て行ってほしい」などと、しょっちゅう言われるようになった。うるさく言われることに嫌気がさしたジョーンズは、ショナと出かけるときには、これまで夜に出歩くとき以外は必要としていなかった白杖《はくじょう》を持つことにした。すると、街の人たちの反応ががらりと変わった。ジョーンズを見かけると、人々はすぐに「白杖を持ち盲導犬を連れた視覚障害者緊急非常モード」に切り替わるようになったのだ［Jones 1997］。（飯野 2023: 89-90）

普段のジョーンズは、介助者や白杖といった、障害者であることを示す分かりやすい特徴をまとっていません。それによって、「障害があるようには見えない」という形で、障害があることを否定されています。ここで起きているのは、「あからさまに障害者として攻撃を受ける」という排除ではないかもしれません。しかしながら、まさに障害者として認識されないことによって、不当な扱いを被っているのです。

「可視性の政治」再考

ジョーンズの事例を踏まえると、さらに「可視化」とか「不可視化」という言葉について考え直す必要も出てきます。マイノリティの運動でしばしば言われるのが、「かれらは不可視化されているので、その存在を可視化していこう」という発想です。もちろん可視化を目指す運動はとても重要なものです。とはいえ立ち止まって考えるべきなのは、ここで言う「可視化」が、文字通りの意味で「目に見える」こととは異なるという点です。

つまりジョーンズの事例が示しているのは、「可視的な印（この場合は「聴導犬」）が物理的に存在していたとしても、それが障害に対応した印として認識されるかどうかは、見ている側に依存する」ということです（飯野 2023: 91）。言い換えれば、マイノリティの人が物理的に目の前に現れたとしても、そのマイノリティを理解するための認識枠組みがなければ、目の前の人がマイノリティであるということすら理解されないのです。

このような認識枠組みの問題として、「性の二重規範」や「近代的セクシュアリティ観」を挙げることができます。つまりこうした認識枠組みによって、可視化されやすいセクシュアリティと可視化されづらいセクシュアリティが出てくるのです。たとえば社会学者の三部倫子《さんべみちこ》はインタビュー調査を通して、ゲイ・バイセクシュアル男性と比べるとレズビアン・バイセクシュアル女性のほうが、性について語りづらく、カミングアウトという行為を実践しづらいと指摘しています。つまりこうした人々は、「自分のセクシュアリティは○○だ」というような、ひとつのはっきりしたアイデンティティを持ちづらいという状況に置かれているのです。

人びとを性的指向によって「同性愛」や「異性愛」に、さらには「LGBT」へと分類するカテゴリーは、誰を好きになるのかをその人の本質とみなす、近代的セクシュアリティ観によって下支えされている。このセクシュアリティ観と自己の経験に齟齬《そご》がある人物は、性が語りにくく、アイデンティティを前提とするカミングアウトに馴染みにくい。

（三部 2019: 173）

カミングアウトは、性的マイノリティが実際にいるということを示す実践でもあり、強制的（異）性愛を前提としている社会に対する重要な抵抗実践です。実際に、Aro/Aceが可視化され始めたのも、まさにカミングアウトして社会に訴えかけてきた人々がいたからです。しかしここで問題なのは、カミングアウトという実践は誰にでもできるものではないということ、その原因は社会における認識枠組みの偏りだということです。

単純化して言えば、自身のセクシュアリティが既存のラベルにぴったり当てはまる「分かりやすい」人なら、ほかの人に対しても自分のあり方を説明しやすいのです。それに対して、性的アイデンティティがあいまいな人や、自分のあり方を一言で表せるラベルがない人など、いわば「分かりやすくない」人はカミングアウトしようとしてもうまく言えない、ということになるわけです。

カミングアウトを強制的（異）性愛に抵抗する実践の典型とみなすと、「見えやすい」「分かりやすい」マイノリティの話ばかりになってしまい、「見えにくい」「分かりにくい」人のことが取りこぼされてしまいます。だからこそ、自分のセクシュアリティを明示しない形で、（異）性愛規範的な認識枠組みに問いを突きつけるという戦略もまた重要になるのです。

そのような戦略として、ぱっと見では「普通」であるにもかかわらず、実はそうではない（かもしれない）、という気づきを与えるという実践が挙げられます。たとえばトランスジェンダー研究で論じられている実践として、「埋没したままの差異の主張」という実践があります。これは「私たちはあなた達が知らないまま既にここにいたのであり、私たちはあなた達と異なるクィアな存在であるにもかかわらず、私たちとあなた達とは峻別《しゅんべつ》できないやり方で隣接してきたのだ」と示唆するものです（清水 2020: 44）。

もっと分かりやすく言うと、これは「私たちはここにいる、私たちを見よ」という主張ではなく、「あなたたちは気づかなかったようだけど、あのとき私たちはこの場のどこかにいたんだ。だから今も、あなたたちが気づいてないだけで、私たちはこの場のどこかにいる（かもしれない）よ」という形で、見えないマイノリティの存在に意識を向けさせる実践だと言えます。

このほか、マイノリティ側を直接的に可視化するのとは異なるタイプの抵抗実践として、マジョリティを名指す言葉を生み出すというものがあります（松浦 2023b）。その例が、「アローセクシュアル」や「対人性愛」という用語です。あるいは「強制的性愛」や「対人性愛中心主義」のような、社会における「普通」の側を名指す用語を挙げてもよいでしょう。マジョリティを表す概念を使うことによって、逆にそこから外れる人々がいることを浮き彫りにしていると言えます。

重要なのは、マジョリティを名指すという戦略では、「誰がマイノリティなのか」を規定する必要がないという点です。たとえば「強制的性愛によって周縁化される人」というのは、Aro/Ace の人々だけではありません。Aro/Ace でない人でも、性愛や恋愛を押しつけられることに苦痛を感じる人はいます。このような社会的な問題に目を向ける際には、「誰が Aro/Ace に含まれるのか」という議論を経由する必要はないのです。

ここまでの章で説明してきたように、Aro/Ace に関する議論の多くは、実際には「Aro/Ace の問題」ではなく「強制的性愛の問題」であり、「社会の制度や仕組みや認識枠組みの問題」です。別の言い方をすれば、「Aro/Ace という特殊な人たちもいるのだから、そうした人々に対して例外的に配慮すべきだ」という発想では、問題は解決しません。一般的に当たり前とされている枠組みそのものを組み直すことが重要になるのです。ということで、最後の章では、Aro/Ace のレンズを通して、認識の枠組みを組み替えることによって、どんな議論が新たに見えてくるのか、ということを考えてみたいと思います。

註

＊1　カミングアウトを無化されるという現象は、レズビアンについての研究でも指摘されています。「女という存在は、男と結婚しないと『一人前』とは認識されない」という状況のもとで、レズビアンは「一時的なものとしてとらえられてしまう」ことがあります（堀江 2015: 126）。またレズビアンの場合も、「男性を欲望しない」ことが単に「女らしさ」とみなされて、不可視化されることがあります（杉浦 2010）。理論的な研究でも同じような指摘がなされています。たとえばジュディス・バトラーは『ジェンダー・トラブル』のなかで、（ジャック・ラカンの）異性愛規範的な枠組みのもとでは、レズビアンは「失望した異性愛（disappointed heterosexuality）」とみなされ、「レズビアンは無性（asexual）の位置、実際には、セクシュアリティを否定した位置に意味づけられ」ることになると指摘しています（バトラー 1999: 105; 藤高 2018: 226; 松浦 2020: 131）。

ただしレズビアンの場合、「同性愛者であるとの表明が、同性とか、な、ら、ず、性行為をおこなう者と解釈され、性的存在に一元化される可能性」もあります（堀江 2015: 127 傍点原文）。本文で紹介する表現を使えば、同性愛者は過剰に性化《ハイパーセクシュアライズ》される場合があるのです。このような過剰な性化《ハイパーセクシュアライゼーション》もまた、強制的性愛の問題のひとつとして捉えることが必要です。レズビアンや女性同士の親密性に関する研究は、Aro/Ace について考えるうえでも重要になると言えます。

＊2　日本での調査でも、アセクシュアル女性に対するインタビューでは、男性から性的にアプローチされた経験をきっかけに自身のセクシュアリティを考えるようになったという事例があります（松浦 2021a）。

＊3　ちなみに公平を期して言えば、サヴェッジの発言はその後大いに批判を浴び、現在ではサヴェッジ自身も誤りを認めているようです。Shapiro, A., Zamora, K., Dorning, C., & Doubek, J.（2021）. Dan Savage Looks At What Has Changed In The 30 Years He's Been Giving Sex Advice. NPR. Retrieved 5 June 2024, https://www.npr.org/2021/09/24/1040550752/dan-savage-on-celebrating-30-years-of-savage-love-with-a-new-book

＊4　そもそも「人種」や「民族」という概念自体が、欧米と日本では異なる歴史的文脈を通じて作られています。この点についての概説は『日本の人種主義』（河合 2023）が参考になります。

第9章　Aro/Aceのレンズを通して見えてくるもの

親密性

非モテの苦悩

性愛や恋愛を強いられることは、Aro/Aceを自認している人々だけにかぎったことではありません。たとえば「非モテ」の人々の苦悩は、まさに強制的性愛や恋愛伴侶規範によってもたらされるものです。つまり、恋愛経験や性経験がなければ「一人前」ではないかのような価値観によって、非モテの人々の苦痛が生じているのです。

このような価値観は非モテに悩む人々自身も抱いているものですが、しかしこれは「社会の風潮を内面化する」という漠然とした話で済む議論ではなく、より具体的な出来事を通して培われるものです。たとえば、周囲の人から「オカマ」「童貞」「デブ」「チビ」などとからかわれる経験を積み重ねることによって、そのような苦悩を抱くようになると指摘されています（西井 2021: 64）。

また、非モテの苦悩はジェンダーと密接に結びついています。たとえば男性たちのグループでは、男性なら女性に興味を持つのが当然だという発想のもとで、「女性に関する話題は男性同士の間で当然話されるべきものであるかのように語られる」ことがあります（西井 2021: 78）。強制的性愛というのは、このようなコミュニケーションの蓄積によって維持されているのです。

「友達以上、恋人未満」？

また、性愛関係を格別に重要視する価値観は、恋愛と友情についての議論にも見て取れます。「友達以上、恋人未満」という言い回しを見聞きしたことのある人も多いと思います。社会のなかには、恋愛のほうが友情よりも強い親密関係だという認識があると言えます。いわば親密関係が序列化されているのです。

このような認識が成り立つ前提には、そもそも「恋愛」と「友情」が別のものだという発想があります（この枠組みが成り立つ歴史的・理論的背景については、東《あずま》園子（2015）の整理が参考になります）。親密関係のなかには「恋愛」と「友情」という異なるタイプのものがある、という認識の枠組みです。そしてこの区別は、性的かどうかという線引きと結びつけられています。

要するに、性的（とされる）親密関係は恋愛とみなされ、非‐性的（とされる）親密関係が友情とみなされるのです。

そのような例として、「男女の友情は成り立たない」というイメージを挙げることができます。異性愛規範や性の二重規範が強い社会では、男女の親密関係は「恋愛」のはずだとみなされるわけです。この枠組みは「性的でない恋愛関係」を成立させづらくするものでもあります。このような図式のもとで、Aro/Ace の人々はとくに親密関係を結びづらくなると言えます。

しかし、「恋愛」と「友情」をはっきり区別するという枠組みは、決して普遍的なものではありません。たとえば女性同士の親密関係についての歴史研究では、「『同性愛』という用語がない時代、『友情』の名のもとに、今では『同性愛』にカテゴライズされるものも含め、様々な親密な関係が実践されてきた」と指摘されています（赤枝 2011: 204）。その例として、19世紀のアメリカにおける女性同士の愛である「ロマンティックな友情」が挙げられます（フェダマン 1996）。こうした歴史について、Aro/Ace の観点から分析することで、レズビアン研究と Aro/Ace 研究の双方に新たな議論が開かれるかもしれません（Przybylo 2022）。

あるいは現代でも、「クワロマンティック（quoiromantic）」というラベルを用いて、恋愛と友情を区別する枠組みに積極的に抵抗する人々がいます（中村 2021）。クワロマンティックは、「恋愛的惹かれ」や「恋愛的指向」という概念そのものが、自分の経験を説明するうえで意味をなさない、ということを表すラベルです（「quoi」はフランス語で「何」という意味です）。

実際に、「恋愛」とも「友情」とも言いがたい親密関係は存在しますし、そのような関係を生きているアセクシュアルの人もいます（佐川 2024）。こうした関係は、親密関係は「恋愛」か「友情」のどちらかだという発想のもとでは見落とされてしまうものです。そして性的か否かによって関係性を区別するという枠組みは、強制的（異）性愛と密接に結びついています。強制的（異）性愛がいかに親密関係のあり方を規定しているか、ということも重要な論点だと言えるでしょう。

独身差別

親密関係をめぐる論点は、家族形成にも関わるものです。Aro/Ace 調査の結果から分かることですが、Aro/Ace の人々のなかには、結婚したいという願望を持たない人が比較的多くいます。また２０２３年の「家族と性と多様性にかんする全国アンケート」でも、「現在のパートナー関係」に関する設問を見てみると、アセクシュアルの人々はほかの性的指向の人々と比べて、パートナー関係を持っていない人の割合が高いようです（図表19）。

このことと関連して、Aro/Ace の人々がしばしば挙げる不安として、「恋人／パートナーを持たない生き方をすること」への不安があります。また、「病気やケガをしたときに助けてく

図表19　性的指向ごとの現在のパートナー関係
（釜野ほか 2023: 4）

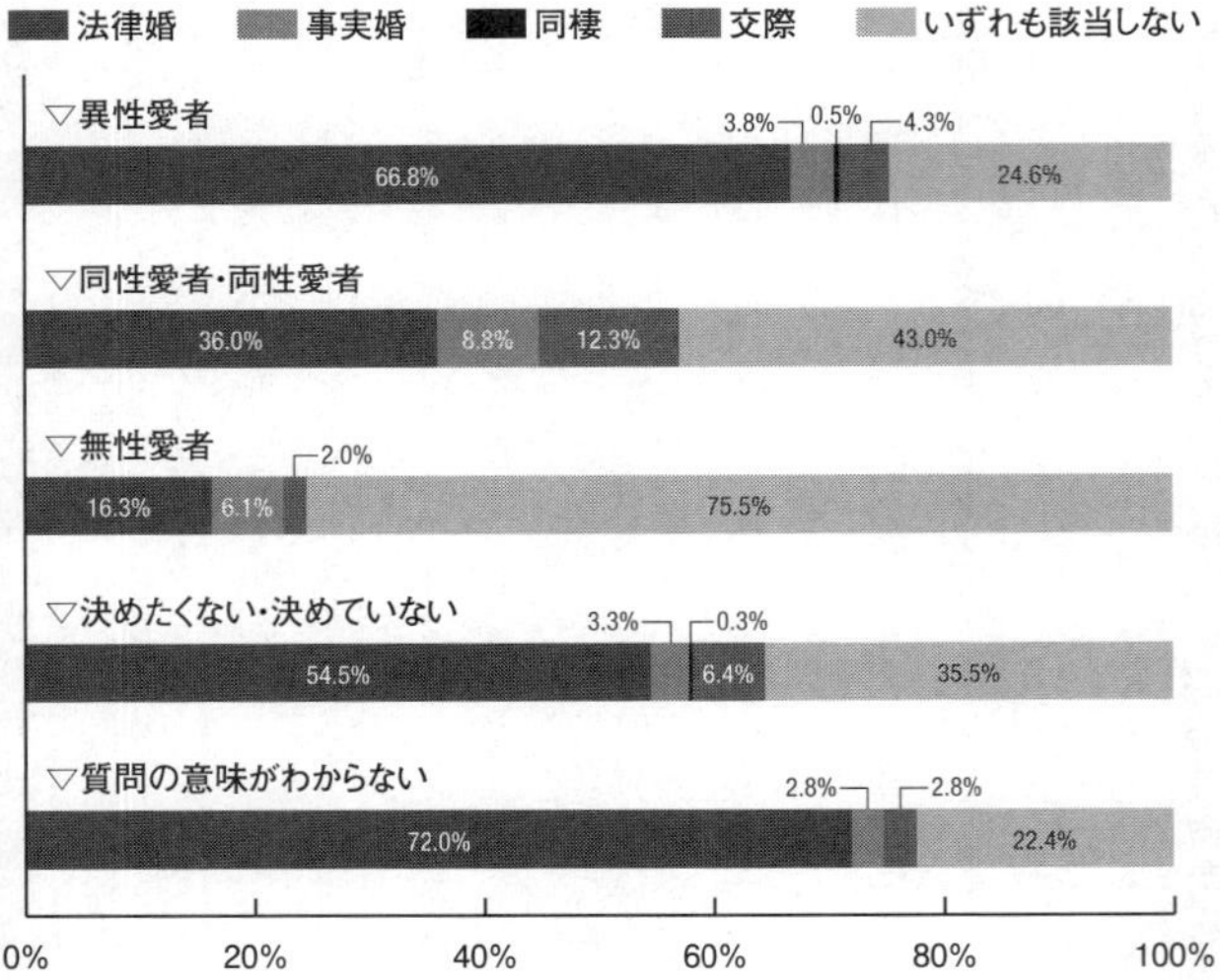

れる人がいないこと」への不安を挙げる人も少なくありません。こうしたことがAro/Ace調査の結果から見て取れます（図表20）。

これに加えて、全国調査の結果を見ると、「日常生活の中で悩みや困りごとがあるかどうか」をたずねる質問で「老後の生活」を挙げている人の割合が、アセクシュアルの人に高いという結果が出ています（図表21）。Aro/Ace調査の結果と合わせて考えると、ここで言う老後の不安は、恋人／パートナーがいないことへの不安や、いざというときに頼る相手がいないことへの不安と重なるのではないかと考えられます。

図表20　Aro/Aceとして生きる中で不安なことの分布

（三宅ほか 2023: 234）

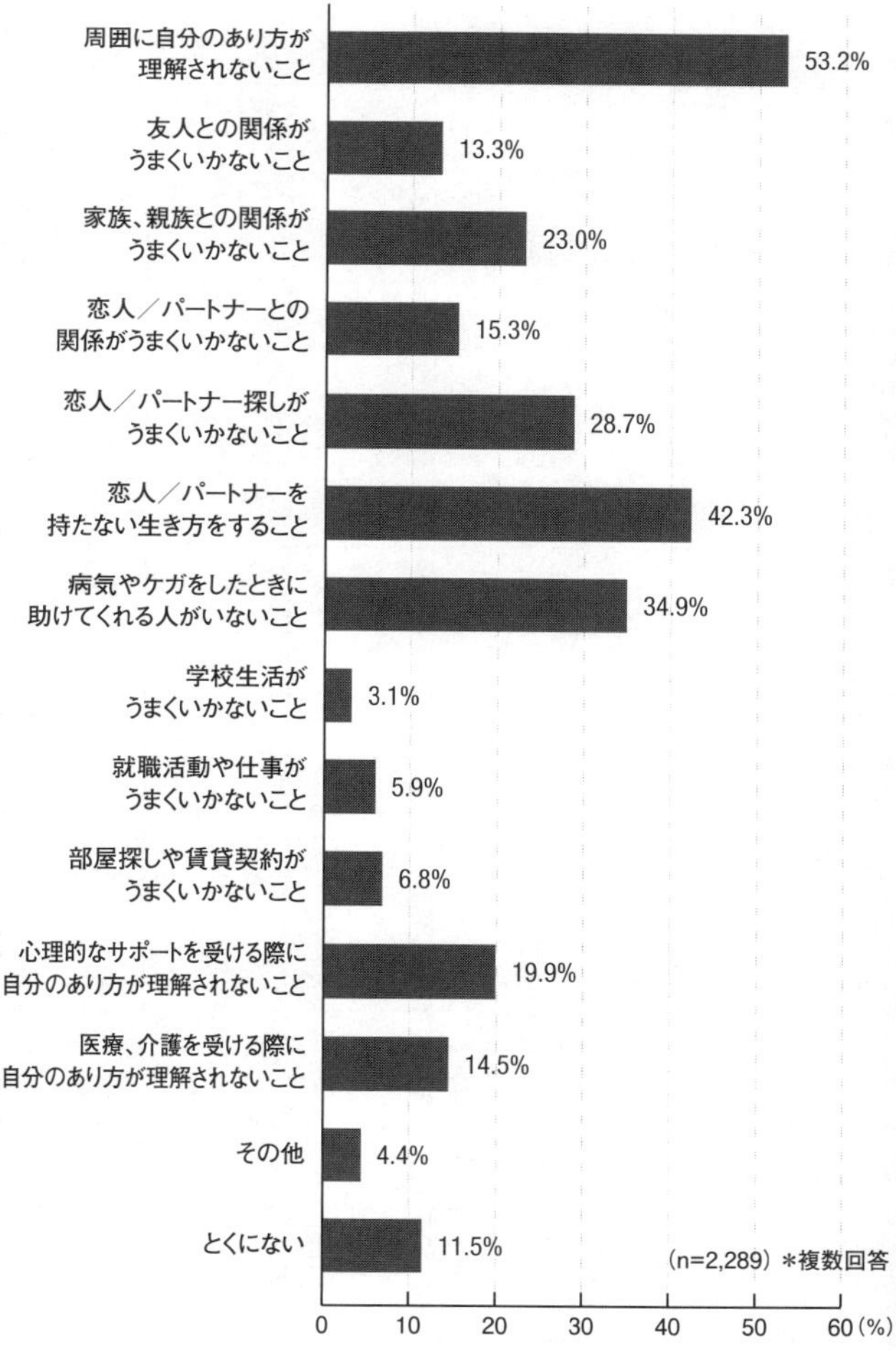

図表21　日常の困りごと選択割合（複数回答,%）（釜野ほか 2023: 9）

1位　2位　3位　4位　5位

	異性愛者	同性愛者・両性愛者	無性愛者	決めたくない・決めていない	質問の意味がわからない
自分の健康	49.9	58.8	57.1	54.5	48.8
自分の仕事や就職	36.6	57.0	59.2	49.2	29.0
自分の恋愛や結婚	13.0	36.0	12.2	14.7	7.8
出産・子育てや子どもを持つこと	12.5	27.2	4.1	14.7	5.6
家族の介護	19.2	22.8	32.7	22.1	18.2
現在の収入や家計	37.8	52.6	42.9	46.5	35.5
住まい	16.3	26.3	20.4	22.7	13.9
老後の生活	42.6	40.4	55.1	45.2	44.3
家族・親族間の人間関係	16.6	29.8	32.7	24.1	11.8
職場の人間関係	18.4	29.8	20.4	22.7	15.1
職場以外の友人・知人との関係	5.1	13.2	12.2	8.4	4.0
近隣・地域での人間関係	5.7	6.1	2.0	7.0	6.8
ハラスメントや差別的な扱い・不利益	2.7	7.9	12.2	6.0	2.0
家族の健康	30.9	27.2	30.6	38.8	27.0
子どもの教育	21.8	14.0	4.1	22.4	17.1
子どもの生活	22.0	13.2	6.1	25.4	21.2
親の生活	22.2	28.9	20.4	30.1	14.4
その他	0.9	3.5	0.0	1.0	1.2
とくにない	11.6	5.3	8.2	6.7	15.6

図表22　日本における結婚観の経年変化
（NHK放送文化研究所編 2020: 22）

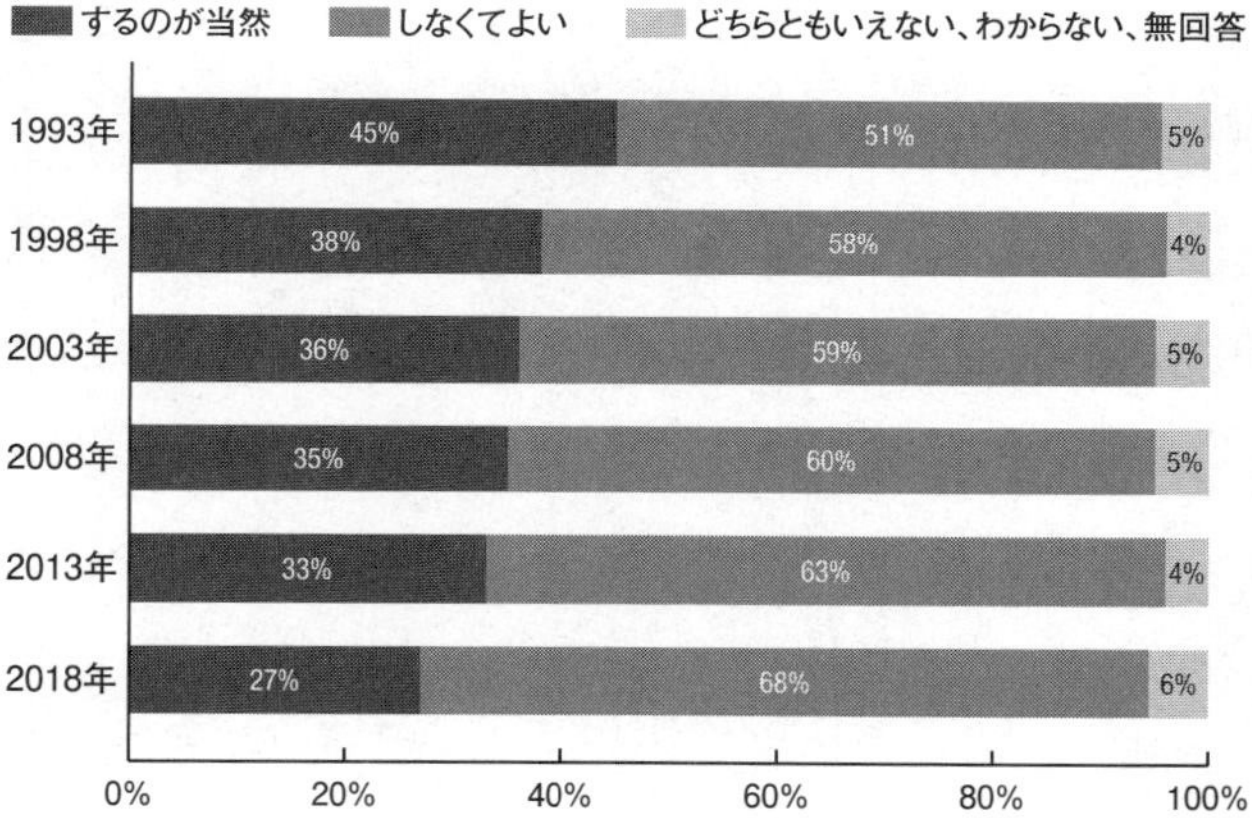

もちろんAro/Aceだからといって恋人やパートナーがいないとはかぎりません。全国調査からも分かるように、パートナーのいるAro/Aceもいます。その点に留意したうえで、Aro/Aceの人々はほかのセクシュアリティの人と比べて、とくに独身であることに関連する不安を抱えやすい傾向があると言えそうです。

これについて、日本社会のデータをもうすこし見てみましょう。日本社会の価値観の経年変化が分かるデータとして、NHK放送文化研究所が継続的に行っている「日本人の意識」調査があります（図表22）。この調査によれば、結婚は誰もが「するのが当然」だと考える人の割合は、一貫して減り続けています。誰もが結婚すべきだという「皆婚規範」は、現在では弱まっています。

このように、結婚しない人がいてもよいという価値観は広まっています。しかしこれと比べると、自分自身が結婚を望んでいないという人はそれほど多くはありません。たとえば国立社会保障・人口問題研究所が２０２１年に行った「第16回出生動向基本調査」を見ると、18〜34歳の未婚者のうち８割以上が「いずれ結婚するつもり」と考えていることが分かります。６年前の同じ調査と比べると５％ほど減ってはいますが、今でも「いずれ結婚するつもり」という人が多数派のようです。

若年層の結婚意識については、社会学者の大森美佐が行った、若者の恋愛観に関するインタビュー調査も参考になります。大森によれば「将来的に自身が未婚でいること」に対して「拒否感」や「不安感」を抱いている若者は、「未婚者は『寂しい』という意識」を持っています（大森 2022: 179）。そしてこの意識の背景には、結婚した友人はパートナーや子どもを優先するようになるのではないか、という予測があります。つまり若者は、「独身時代のような友人関係は難しくなる」のではないかという懸念から、独身であり続けることへの不安を抱くのです（大森 2022: 182）。

言い換えれば、若者たちは「家族の排他性や閉鎖性」によって、「未婚でありつづけることで将来的に孤独を味わうのではないかという危機感」を抱くということです（大森 2022: 185）。

家族の間では密な関係が取り結ばれる代わりに、家族以外とのつながりが弱まるという状況があり、それが独身＝孤独というイメージをもたらしていると言えます。

これに加えて、独身差別（singlism）の存在も見逃せません。社会学者エルヤキム・キスレフが整理しているように、独身者は、とくに年齢が上がるほど「未熟」「自己中心的」「不幸」といったネガティブなイメージを持たれがちであり、結婚していないことを非難されることがあります（キスレフ 2023: 176-182）。あるいは職場での独身者差別として、独身者は既婚者よりも暇があると決めつけられて、長時間働かされるということも挙げられます（キスレフ 2023: 185）。さらに後述するように、現在の婚姻制度や社会保障制度は、法的に結婚している人々のみを優遇するものになっています。結婚への圧力も弱まっており、実際に結婚しない人も増えてはいますが、それでも社会の仕組みは結婚する人々を優遇するものになっているのです。

婚姻制度の外でのつながり

おそらく多くの人にとって、「結婚するか、さもなくば孤独か」という二択しかイメージしづらい状況があるように思います。ですが実際には、結婚以外の人間関係を通じて共同生活を送っている人々がいます。たとえばキスレフが指摘しているように、近年では「ネットワークでつながる個人たち」という現象が生じてきています（キスレフ 2023: 232）。これは要するに、結婚しているパートナーではなく、親戚や友人などのネットワークのなかで助け合いながら生活するというスタイルです。

一例としてシェアハウスが挙げられます。日本では「一緒に暮らす人は家族でなければ」という家族主義が強いため、シェアハウスの実践はそれほど一般的ではありませんが、シェアハウスで暮らしている人々は一定数存在しており、そこでの生活の仕方についても研究がなされています（久保田 2009）。あるいは2020年代に出た本として、趣味の合う友人同士でのシェアハウス生活を綴ったエッセイ『オタク女子が、4人で暮らしてみたら。』（藤谷 2023）も参考になるかもしれません。

さらに言えば、友人同士で助け合う生活というのは、同じ家に住むことだけではありません。もっと広く、近くに住んでお互いに助け合うという生活スタイルもあります。友人関係は、社会で一般的にイメージされる性愛関係とは異なり、排他的ではありませんから、複数の人と親密な関係を作りやすいというメリットもあります。独身者が増えていくなかで、友人関係にもとづく生活は今後さらに注目されるようになっていくと考えられます（キスレフ 2023: 342-354）。

あるいは結婚した人であっても、年を取ればパートナーが亡くなるということは十分考えられます。離婚の可能性も含めれば、結婚したから老後について考えなくてよいとは決して言えないはずです。こうした問題に対して、近年では「グループホーム」という高齢者同士のシェア居住も行われるようになっています。

ほかにも高齢期のシェア生活として、一人暮らしの高齢者が若者に対して自宅の空き部屋を無償（ないし格安）で提供し、その代わりに若者側に見守りや一定の生活サポートをしてもらう、「ホームシェア」（ないし「ホームシェアリング」）というものもあります（キスレフ 2023: 147）。

このように、家族でもなく、また既存の友人でもない、新たにつながった人と共同生活するという選択肢もあります。こうした生活スタイルは Aro/Ace の人々のニーズにも適《かな》うところがあると考えられます。とくにアロマンティックの人では、恋愛感情よりも友情によるつながりを希望している人が多いかもしれません。

言うまでもなく、誰もが共同生活を送れるわけではないでしょうし、送らなければならないわけでもありません。そのうえで、「結婚か孤独か」以外の選択肢があることが望ましいのではないかと思います。

「結婚」の問い直し

とはいえ、共同生活や家族のあり方には、さまざまな制度的な制約が存在します。ここで言う制度には、家族法などの国の法律だけでなく、たとえば企業の賃金体系や福利厚生の仕組みなど、国のシステム以外も含まれます。

たとえば日本における福祉のあり方は、「家族と企業」という民間部門でまかなう仕組みになってきました（筒井 2015: 141）。つまり、育児や介護などのケアは家族が行うものだという方針が取られるとともに、企業が雇用を維持することによって（正規雇用の）労働者の生活を保障するという仕組みになってきたのです。現在では介護保険制度や保育サービスなどによって、ケアサービスを公的に提供するという仕組みもある程度できていますが、相変わらず家族主義的な部分が大きい状況です。

そして福祉のシステムで想定されている「家族」とは、法的な婚姻によって結ばれた家族です。生活保障やケアを「家族と企業」によってまかなう仕組みは、男性がメインの稼ぎ手として働き、女性が主に家事を担うという、異性愛夫婦間の性別役割分業と結びついています。つまり異性愛夫婦（+子ども）を標準的な家族とみなす仕組みになっており、そこから外れる人々が不利な立場に置かれるのです。

この問題を解決するための提案として、婚姻制度のあり方を変えるべきだというものがあります。その一例が、「性の絆」から「ケアの絆」へと家族法を転換すべきだという、法学者マーサ・ファインマンの主張です。ファインマンは、「正式に認められた異性愛による夫婦の絆を核とした単位」（ファインマン 2003: 153）を性的家族（sexual family）と呼んでいます。近代的な婚姻制度は、男女の性的関係を法的に承認し、性的家族に特別な保護を与えるものです。この枠組みのもとで、ケアをする責任が家族、とくに女性にばかり押しつけられてきたのです。

これに対してファインマンは、家族に関する法的保護の対象を、性的関係ではなく、ケアする－ケアされる関係（典型的には親－子）へと変えるべきだと提案しました。つまり法的な婚姻制度を廃止し、代わりに養育家族単位（nurturing family unit）に社会的支援を行うべきだということです。子どもは血縁上の親でなくとも誰かがケアをしないと生きられませんから、ケアの担い手に法的サポートをするのは正当なことでしょう。

さらに注目すべきは、性的家族への特別扱いをやめるべきだという点です。成人同士の関係については、一般的な法的契約の仕組みがあれば十分で、わざわざ追加の特別保護は不要です。しかも異性間の性愛関係のみを認める法律は、それ以外の関係（たとえば同性間の性愛関係）を不平等に扱うものでもあります。この意味で、性的関係の特別扱いをやめることは、性的関係と性的でない関係を対等に扱うだけでなく、結果としてさまざまな性愛を対等に扱うことにもなるのです。

婚姻制度を問い直す議論では、ほかの構想も提案されています。それが第5章で触れた哲学者エリザベス・ブレイクによる「最小結婚」論です（ブレイク 2019）。現状の婚姻制度は、単にカップルの関係を法的に認めるものではなく、さまざまな権利や義務もセットでついてくる、大きな制度になっています。最小結婚とは、結婚に紐づけられている各種契約や権利や義務を取り外して、婚姻という制度を最小化するというものです。婚姻という「パッケージ販売」をやめて、各種の権利や義務を「ばら売り」に切り替えようという提案だと言えるでしょう。

これに加えて、最小結婚の構想は、婚姻制度の制約も最小化しようとするものです。つまり最小結婚は、異性間カップルだけでなく、同性間カップルも利用できるものであり、のみならず3人以上での親密関係や、性愛によらない友情などでつながるグループも利用できるものへと、婚姻制度を作り替えるというものなのです。

これまで婚姻制度に紐づけられていた各種権利義務を、結婚以外の仕組みで別建てにして、婚姻制度から切り離す。そして一対一の異性愛カップル以外の関係でも婚姻制度を利用できるようにする。これによって、恋愛伴侶規範的でない婚姻制度を作るべきだというのが、ブレイクの提案だと言えます。

ブレイクの議論は、成人同士の対等なケア関係もまた法的に保護すべきだというものです。ファインマンの構想は、あくまで親－子のような依存関係のみが保護の対象となっていました。これに対してブレイクの主張は、成人同士のパートナーシップや生活ユニットなどもまた、制度的にサポートするに値するというものです。婚姻制度を最小結婚へと「拡《ひろ》げる」ことは、性愛や恋愛以外のつながりで生きている人々にも、大きな意義があると考えられます（久保田2024）。

婚姻制度が異性愛カップルしか利用できないという問題については、これまで主に「同性婚」を認めるかどうかという形で議論されがちでした。今なお日本では同性カップルは法的に結婚できない状況ですから（自治体のパートナーシップ制度は法律上の婚姻制度ではありません）、そうした議論は依然として重要なものです。それに加えて、一対一の性愛関係だけを特別扱いする制度にも問題があるということも、きちんと考える必要があると言えるでしょう。

歴史とメディア

次に考えてみたいのは、Aro/Ace の観点からメディア表現や歴史資料を読み解く方法です。グプタとカーリ・ジュン・セランカウスキは、アセクシュアルの観点からメディア表現を読み解くうえで、「強制的性愛」と「アセクシュアルな読解実践」のふたつがキーワードになるとしています（Gupta and Cerankowski 2017: 19）。グプタたちの考察はアセクシュアルに焦点を当てるものですが、アロマンティックについても同じようなアプローチで読み解くことができるでしょう。ここではグプタたちの議論を踏まえつつ、Aro/Ace の観点からメディア表現を読み解くアプローチを2点挙げておきます。

第一に挙げられるのが、セクシュアリティに関するメディア表現を読み解くうえで、強制的性愛や恋愛伴侶規範という問題を念頭に置いておくことです。それによって、「誰もが性的欲望を持っている」かのような主張がなされていないか、「性的惹かれや恋愛感情がなければ満ち足りた人生にはなりえない」かのように示唆する表現になっていないか、という問題提起ができるようになります。

このような視座は、Aro/Aceの人がメディアでどのように扱われているか、ということを考えるうえでも役に立つものです。さらに言えば、明確にAro/Aceだと示されている場合だけでなく、恋愛やセックスに興味がない人や、性的活動をしていない人の描写について考えるうえでも、同じように活用できるものです。

たとえば、広くAro/Ace的な人々がメディアで描かれる際に、Aro/Ace的であることをネガティブに扱っていたり、何らかの病気だとみなしたりしていないか、という問いを立てることができます。また、Aro/Aceをネガティブに扱う描写を批判するだけでなく、ステレオタイプ的でない描写を積極的に評価するうえでの基準のひとつにもなるでしょう。

第二のアプローチは、Aro/Ace的な読解実践です。これは「アセクシュアルな共鳴」(Przybylo and Cooper 2014)の議論にもとづくものです。[*1]簡単に言えば、Aro/Aceを自認している人物だけに限定せずに、より広くAro/Ace的なあり方を見出《みいだ》していくという読解方針だと言えます。

このアプローチの特徴は、アイデンティティにもとづく読み方ではないという点です。つまりこれは、メディアに登場した人に対して「この人はAro/Aceなのだ！」と一方的に決めつけるものではありません（他者の性的指向やアイデンティティを勝手に決めつけるべきではありません）。Aro/Aceを自認しているかどうかとは別のレベルで、Aro/Ace的なところに注目する読み方だと言えます。

もうひとつのポイントは、まったく性行為をしていない人物や、完全に性的欲望を持たない人物だけを対象にするのでもないという点です。すでに説明したように、性行為の経験があるからといってAro/Aceでないわけではありません。「行為や欲望を完全に欠いている」という明確で厳格な基準をもうけてしまうと、こうした人々の存在が見落とされてしまいます。

アイデンティティであれ行為であれ欲望であれ、何らかの厳密な基準をもうけずに、Aro/Ace的な瞬間を拾い上げること。そしてAro/Ace的な瞬間がどのように描かれているか、どのように扱われているか、といった点に注目すること。これがAro/Ace的な読解実践だと言えます。実際に、「アセクシュアルな共鳴」のアプローチは、「クィアとアセクシュアルの視座を結びつけて、思いがけない多様な場所にアセクシュアルを見出す」読みだと説明されています（Przybylo and Cooper 2014: 303）。

このような読解は、まず歴史研究にとって重要になるものです。すでに述べたように、現在のようなAro/Aceの用語が確立したのは２０００年代以降です。そのため、現在の用語での自認を基準にしてしまうと、Aro/Ace の歴史は２０００年代より前にさかのぼれないことになってしまいます。ですが、性的に惹かれることがない人や、性的欲望を持たない人、恋愛感情を持たない人、性愛的な親密関係に重きを置かない人など、Aro/Ace 的な人は２０００年代以前にもいます。そのような歴史を捉えるために、アイデンティティとは異なる枠組みが必要なのです。

こういった研究の例として、先ほど触れたレズビアンの歴史の再読を挙げることができます。Aro/Ace 的に読めるということは、その人がレズビアンを自認していたりレズビアン的であったりすることと対立するわけではありません。レズビアンについての歴史のなかにも、性愛や恋愛を重視せずに生きる人々を見出すことができるはずです。

同じことが、小説やドラマなどのフィクションにおける、性的アイデンティティを明示していない登場人物についても言えます。Aro/Ace 的に読み解ける作品は、必ずしも登場人物が Aro/Ace だと自認しているものだけではありません。なかには登場人物の性的アイデンティティをラベルで明示しないことによって、Aro/Ace 的な経験や感覚がアローの人々にも生じうることを積極的に示している作品もあります（松浦 2021b）。

性愛関係を生きない、性的欲望や恋愛感情を持たない、あるいはそれだけでない、さまざまな Aro/Ace 的なあり方が、歴史的にも存在してきました。そしてそれを周縁化する強制的性愛や恋愛伴侶規範も、時代や文化ごとに異なる形ではありますが、影響力を持ってきたはずです。こうしたものを細かく読み解いていくことが必要だと言えるでしょう。

近年ではAro/Ace研究のなかで、メディア作品を分析したものが日本語でも読めるようになっています（キム2015; 松浦2021b; 井村2024; 西原2024）。また、Aro/Aceを掲げていない書籍や論考のなかにも、Aro/Ace的な読み解きを行っているものはあります。その一例として、『源氏物語』の女三の宮という登場人物に注目した、文学研究者の西原志保による『『源氏物語』女三の宮の〈内面〉』を挙げておきます（西原2017）。

女三の宮はこれまで「内面」が描かれない人物だと考えられていました。しかし西原は、そのように解釈されてきた理由のひとつこそ、女三の宮の語りからプライベートなセクシュアリティが読み取れないからだったのではないかと指摘します。そして西原は女三の宮の物語を、「異性愛関係に対して無関心だった女三の宮が、性暴力被害をきっかけに性愛への嫌悪を自覚し、最終的に出家という選択をとって異性愛関係から脱出する物語」として鮮やかに読み解くのです。まさに文学解釈の慣習に潜む強制的（異）性愛を鋭く批判し、そして「恋愛物語」と捉えられがちな『源氏物語』からAro/Ace的な物語を浮かび上がらせる、とても刺激的な研究だと思います。[*2]

さらにプジビウォとクーパーは、「アセクシュアリティとクィアネスのために歴史、文化的表現、理論を読み解く」という方針を打ち出しています（Przybylo and Cooper 2014: 303）。つまりAro/Aceの観点から引き出せるものは、歴史の再解釈や、メディア表現の読み解きだけでなく、「理論」の読み直しも含まれているのです。ここではメディアに関する理論について、私なりの仕方でAro/Ace的に読み替えてみたいと思います。

メディア理論の読み替え

「複数的指向」としての多重見当識

まず取り上げたいのが、マンガやアニメなどの「二次元」の創作物を愛好する営みに関する議論です。こうした「二次元」文化の歴史では初期の頃から、強制的性愛に疑問を向ける人々がいたことが確認できます。その一例として、1980年代に「おたく」批評を残した富沢雅彦による文章が挙げられます。

三次元界と二次元界は、物心ついた時から目の前に並存していた。三次元の現実はつねに我々にこの社会内でのアイデンティティを確立せよ、〝現実〟の生活や家庭や出世、〝現実〟の女との恋愛やセックスに欲望を持て、それによって社会に帰属せよと迫る。ぼくらはどうしてもそれに対する齟齬感を抱かずにはいられなかった。（富沢 1985: 176）

富沢の問題提起は、異性愛がアイデンティティの確立や社会への帰属と紐づけられていることを批判するものであり、まさに強制的性愛への批判として解釈できます。そして富沢にとって、二次元美少女を愛好する営みは、「いわゆる〝正常愛〟としての恋愛とセックス」（富沢 1985: 175）を相対化するものでした。オタクの歴史に関する研究でも、富沢の事例は「恋愛をしなくてはならない」「消費は恋愛のために行なわなくてはならない」という当時の規範に抵抗するものだと指摘されています（吉本 2009: 198）。一見するとAro/Aceとは無縁に思える文化にも、Aro/Aceの問題提起に通じる議論を見出すことができるのです。

その後「二次元」に関するセクシュアリティについては、現実での生身の人間に関するセクシュアリティとは別物として成立しているのだと、長らく指摘されてきました。この乖離《かいり》を表す概念が、精神科医の斎藤環《たまき》が『戦闘美少女の精神分析』で提示した、「多重見当識」という概念です。

斎藤によれば、「おたく」はフィクションを受容する際に、物語世界のみに没入するのではなく、キャラクターや脚本やマーケティングといった、複数のレベルへの注目を切り替えながら作品を楽しんでいます。このような特徴を、斎藤は多重見当識と概念化しました（斎藤2000: 44-46）。ここまではセクシュアリティの話ではないですが、斎藤はさらに「想像的な倒錯傾向と日常における『健常な』セクシュアリティとの乖離」を「おたくのセクシュアリティ」の特徴と位置づけて、これを「欲望の見当識」の切り替えとして理論化しました（斎藤2000: 53）。この意味で、多重見当識は、いわば二次元と三次元で異なるセクシュアリティが成立することを表す概念なのです。

ただし斎藤の「おたく」は2000年頃の状況にもとづくものであるため、現在の「オタク」という言葉とはニュアンスが異なります。当時のほうがオタクに対するバッシングが強かったほか、現在のようにオタクという言葉を汎用的に使っていたわけではありません。たとえば斎藤の本では「ディズニーおたく」は存在しないと言われていますが、現在の人々からすれば「ディズニーオタク」という表現に違和感はないはずです。さらに斎藤のセクシュアリティ論には、強制的（異）性愛や性別二元論の問題が含まれています。[*3]

この点に注意したうえで、しかし多重見当識という概念は、強制的（異）性愛や性別二元論を問い直すものとして読み替えることができるものです。たとえばキース・ヴィンセント（『戦闘美少女の精神分析』の英訳者の一人）も、多重見当識の理論は「クィア理論家たちが魅力を見出すであろう仕方で、性的欲望を社会的アイデンティティや自然化された身体から切り離す」ものだと指摘しています（Vincent 2011: xx）。そして私自身は、Aro/Ace の観点によってこそ、この点が明確になると考えています。

すなわち、多重見当識とは、性的指向と恋愛的指向を切り分けるスプリット・アトラクション・モデルと同じように、二次元での指向と三次元での指向を切り分けるものなのです（松浦 2021a）。英訳を見ると、多重見当識は multiple orientations と訳されています。まさに「複数的指向」です。

実際に、「二次元の性的創作物を愛好しつつ、生身の人間には性的惹かれを感じない」人々のなかには、アセクシュアルの人々と似た経験をしている人もいます（松浦 2021a）。私はこうした人々にインタビュー調査をしてきたのですが、そのなかの一人であるBさんのエピソードをすこしだけご紹介します。

Bさんは、小学生の頃から二次元キャラクターにしか性的・恋愛的な関心を持ってこなかったという男性で、「二次元性愛」や「フィクトセクシュアル」と自認している方です。Bさんは中学生の頃に、周囲から囃《はや》し立てられる形で、同級生の女子と付き合うことになりました。ですがそのときに、「マンガとかアニメのキャラクターに対する感情と、同じ感情を持たなかったので、ああ、やっぱりこれは違うんだな」と確信を抱いたそうです（松浦 2021a: 122）。

現実での恋愛に巻き込まれることによって、自身の性的アイデンティティを強く意識するようになる、というのはAro/Aceの経験としてしばしば挙げられるものです。また私が調査した方々の多くは、対人性愛を前提とする認識枠組みのもとでは、自分の経験や感覚をうまく言語化しづらく、理解もされにくいと語っていました。これはまさに第4章で触れた解釈的不正義の問題です。

こうした人々は「アセクシュアル」「アロマンティック」という言葉からはあまりイメージされないかもしれませんし、必ずしもAro/Aceを自認しているともかぎりません。しかしかれらもまた強制的性愛のもとで周縁化されているのです。そしてそれと同時に、かれらのありかたを考えることは、セクシュアリティに関する従来の見方を問い直すことにもつながります。

私の調査以外でも、「現在のアセクシュアリティの理論化と同じく（……）二次元キャラクターへの欲望は、セックスとは何か、法的・社会的な禁止が性的アクセスや完全な性的市民権の権利をいかに否定するかを再考させるものである」という指摘がなされています（Miles 2020: 274）。二次元というものの意義を考えることは、Aro/Aceの観点からも重要なのです。

アセクシュアルなアトラクション

関連する議論をもうひとつ挙げてみましょう。私の調査では、アセクシュアルを自認しつつ、性的創作物を愛好している人にも話を聞くことがありました。そのうちの一人であるCさんは、自身のことを「アセクシュアル」かつ「腐女子」と説明していました。インタビューのなかで性的なマンガ作品の話題が出たので、そうした性的創作物をどのような観点から読んでいるかたずねたところ、彼女は「アクション映画と同じですね」と答えたのです。興味深い答えですので、すこし引用します。

C：アクション映画って観《み》てて快感があるじゃないですか。
＊：ああ。
C：気持ちがよい。あれに近いですね。……ほんとに性的コンテンツとして楽しんでるのかって言ったら微妙な話だけど、うん、でもエロいとは思ってるからたぶんそうなんだろうな、みたいな。
（松浦 2021a: 126）

彼女にとって性的コンテンツは、「エロい」とされる創作物でありつつ、しかし自らの「肉体的な欲」からは切り離されています。性的なコンテンツとして認識しつつ、しかしそれをある意味で非‐性的に楽しんでいるわけです。この事例を踏まえると、性的コンテンツを非‐性的に楽しむことを説明するうえで、アクション映画に関わる議論が参考になるかもしれません。ここで示唆に富むのが、映画研究者のトム・ガニングが提示した「アトラクションの映画」という概念です。

「アトラクションの映画」とは「観客の注意をじかに引きつけ、視覚的好奇心を刺激し、興奮をもたらすスペクタクルによって快楽を与える」映画です（ガニング 2003: 308）。ここで言うアトラクションは「見世物」という意味ですので、性的惹かれや恋愛的惹かれを表す「惹かれ《アトラクション》」とは意味が異なります。それよりも、遊園地のジェットコースターやメリーゴーランドを表す「アトラクション」に近いニュアンスだと考えてください。

アトラクションの映画の反対は、古典的な物語映画です。物語映画は、映像を通して、登場人物の内面や物語世界の内側へと視聴者を引き込み、一連のストーリー展開に視聴者を没入させるものです。つまりそこでは、映像そのものはあくまで表面的なもので、いわば登場人物や物語世界を「覗き見」するための透明な窓となっています。たとえば登場人物への同一化や感情移入は、この窓を通して登場人物のなかに入ることだと言えます。

これと比べると、アトラクションの映画は、いわば表面的な部分を楽しむものであり、直接的な刺激を味わうものです。これは登場人物に同一化するのでもなければ、物語世界に没入するのでもありません。実際にガニング自身も、アトラクションの映画の特徴として「直接的刺激の強調」を挙げています（ガニング 2003: 310）。たとえばびっくり箱に「ワッ！」と驚くとか、派手なアクションシーンを観てスカッとするとか、そういう刺激をもたらすのがアトラクションの映画なのです。

そしてCさんが語っていたのは、アクション映画から得られる快楽と性的創作物のもたらす快楽は同じものだという感覚です。それは、登場人物を介して実際の性交を疑似体験する（登場人物への同一化）のでもなければ、登場人物と性交したい（物語世界への没入）のでもありません。誰か（あるいは何か）に惹かれることなく、観ることそのものが刺激的なアトラクションとなるのです。

性的創作物を愛好するという、一見すると性的に思われる営みのなかにおいてさえ、快楽の脱セクシュアリティ化が起こりうる、ということを示しているのがCさんの事例です。そしてそのような非‐性的な快楽を説明するためのツールとして、ガニングの「アトラクション」概念を捉え直すことができるのです（なお「アトラクションの映画」は映画についての用語ですが、「アトラクション」概念は映画以外にも適用できるはずです）。

そしてこの議論はAro/Aceの人々だけに当てはまるものではありません。アローの人々もこのような快楽を経験しうるはずです。にもかかわらず、従来の議論では、性的創作物は対人性愛的な快楽を疑似的にもたらすものなのだと決めつけられがちでした。それに対してガニングのアトラクション概念は、対人性愛的な枠組みのもとで見落とされていたものを、あらためて言語化するツールにもなるのです。

このように、一見セクシュアリティと無関係な理論にAro/Aceの観点から注目すれば、Aro/Aceの経験を説明するツールとして理論を流用できるのみならず、アローの人々にも新たな認識枠組みをもたらすことができるのです。

「感情移入」でも「同一化」でもない「心の模倣」

似たような議論はマンガ研究にも見出すことができます。それがマンガ研究者の泉信行が提示した「心の模倣」という概念です。泉の言う「心の模倣」とは、マンガや小説を読む際に「自分をキャラの中に投げ込むのではなく、（理解できる範囲で）キャラの情動を自分の中でつくり出す」ことです。これは自己投影や感情移入とは「逆方向」の動きです（泉 2014: 145）。つまり心の模倣は、物語や登場人物の中に向かうのとは反対の活動なのです。

この概念を用いることによって、恋愛モノの作品を読むときに読者自身が恋愛感情を抱く必要はない、ということが明確になります。「恋心の模倣は『自分自身がキャラに惚れる』必要もなければ『キャラになりきる』必要もない」のです（泉 2014: 145）。Aro/Aceの人々にも性的・恋愛的コンテンツを愛好している人はいますが、そのなかには、自分自身の経験をなかなかうまく説明できずにもどかしさを感じてきた人もいると思います。もしかすると、心の模倣という概念によって自分の経験がうまく説明できる人もいるかもしれません。

たとえば登場人物に同一化したり感情移入したりすることがない読者であっても、必ずしも登場人物たちを完全に客観的に観察しているとはかぎりません。自分が物語に入り込むのではなく、いわば薬物を摂取するように、登場人物の感情や感覚を自らのなかに流し込んで、それによって快楽を得る、そのような楽しみ方があるのです。

Aro/Ace のなかにもアローのなかにも、同一化や感情移入よりもこうした説明の仕方のほうがしっくりくるという人はいるのではないかと思います。あるいは、ガニングのアトラクション概念や泉の心の模倣論は、たとえば第3章で触れたエーゴセクシュアルの人々の感覚をある程度うまく語れるものかもしれません。

愛の読み替え

恋愛コンテンツについて興味深い議論を展開しているのが、東園子の『宝塚・やおい、愛の読み替え』です。この本は宝塚歌劇とやおい（BL）に関する学術書で、さまざまな論点が扱われているのですが、ここではとくに Aro/Ace 的な観点から評価できそうなトピックをひとつだけ挙げておきます。

強制的（異）性愛のもとでは、女性ならば男性に対する恋愛に興味を持つはずだとみなされており、女性が恋愛コンテンツに興味を持つのもその一環だと考えられがちです。ですがそれに対して東は、「宝塚とやおいが恋愛を描いているからといって、その愛好者が両者を通して恋愛に対する欲求を満たそうとしているとは限らない」という点に注目します（東 2015: 18）。

東が強調するのが、「恋愛のコード」を習得したからといって、恋愛を欲望するようになるわけではない、という点です。言い換えれば、恋愛に関する社会のルールを理解することと、恋愛したいと思うようになることとは、別物なのだということです。

そしてBL二次創作では、恋愛のコードは男性キャラクター同士の関係性を読み解くための道具として流用されます。とくに原作において男性同士の恋愛が描かれていない作品（たとえば『週刊少年ジャンプ』に掲載されているようなマンガ）の二次創作を考えれば、BL二次創作という営みは、原作における男性キャラクター同士の友情を、恋愛へと読み替えるものだと言えるでしょう。このとき恋愛のコードは、恋愛をするために使われるのではなく、キャラクター同士の関係性を楽しむためのツールになっているのです。

さらに恋愛のコードは、BL愛好者の女性同士でコミュニケーションを効率よく行うためのツールとしても使われます。異性愛規範的な社会では、「女性」であれば恋愛のコードを身につけるよう強く促されがちです。その結果、女性同士の間では恋愛の話が通じやすくなります。このような状況のもとで、恋愛のコードを使った二次創作を作ると、恋愛のコードに関する知識を共有しているほかの女性にも理解されやすくなります。つまりBLファンは、いわば恋愛のコードを習得させられる状況を逆手に取って、恋愛のコードをBL愛好者女性同士のコミュニケーションに活用しているのです。

このように考えてみると、恋愛のコードを使った営みだからといって、必ずしも強制的（異）性愛を維持することになるとはかぎりません。場合によっては、むしろ現実での恋愛を相対化することにもなりえます。東の言葉を借りれば、「社会規範を自分たちの目的にあわせて通常とは違う形で利用することは、規範を形骸化する作用がある」のです（東 2015: 288）。あるいは、規範に関する「再生産の宛先のずれ」（松浦 2022: 149）と言ってもよいでしょう。このことからも、性的・恋愛的創作物について考えるうえで、対人性愛を基準とした思い込みに陥らないことが重要だと言えます。

「性的」とは何なのか――BDSM

さらにAro/Ace研究では、性的／非性的という区別に疑問を投げかける議論がなされています。性的／非性的という線引きの基準は、決して万人に同じように共有されているわけではないのではないか。そのような論点が、BDSMに関する調査から提起されています。

BDSMとは、拘束と調教（Bondage & Discipline）のBD、支配と服従（Dominance & Submission）のDS、そして加虐と被虐（Sadism & Masochism）のSM、これらの頭文字からとられた

略称です。日本で使われている「SM」とほぼ同じ意味の言葉だと考えてかまいません（河原 2024: 18）。

一般的には、BDSMは明らかに性的なものだと考えられていると思います。実際にBDSM愛好者たちも、自分たちの欲望や実践を性的なものだととらえていることが多いでしょう。とはいえBDSMのなかには、性器の接触とは異なる実践がさまざまに含まれています。膣ペニス性交を基本とする「規範的」な性愛を「ヴァニラ」と呼びますが、[*4]ヴァニラの対義語が「キンク（kink）」[*5]です。キンクにはBDSMも含まれますが、より広い範囲を指す言葉として使われています。BDSM実践者のなかにはSMプレイの一環で性器的な性交をする人もいますが、BDSMには性器的な性交のみに収斂《しゅうれん》しないさまざまな実践があると言えます。

基本的な用語を説明しましたが、英語圏と日本ではSMの歴史は大きく異なります。とくに歴史学者の河原梓水《あずみ》が『SMの思想史』でまとめているように、日本では英語圏に先立って、SMに関する先駆的な議論が1950年代から展開されてきました。ここでは、Aro/Ace研究の蓄積を紹介するという都合上、北米を中心とする欧米での議論を扱うことにします。

英語圏のBDSMコミュニティで有名なスローガンとして、「安全、正気、そして合意（safe, sane, and consensual）」というものがあります（頭文字から「SSC」と略されることもあります）。この背景として、英語圏ではSMを「異常」で「病的」な「暴力行為」とするステレオタイプが日本よりも強かったということがあります。そのようなイメージに対抗するために、BDSMコミュニティでは、安全に気を遣う、理性的な、合意にもとづく実践というルールが強調されていきました。[*6] このこともあって、BDSM研究は単に「特殊」なセクシュアリティの人々について調べるというだけではなく、性的同意や親密性というもの一般について示唆をもたらすものとなっています。

そしてBDSMを実践する人のなかには、アセクシュアルの人々もいます（Sloan 2015）。そうした人々にとっては、同意を明確にするSSCの習慣によって、たとえば「性器には触れられたくない」というように、やりたくないことを相手とはっきり共有しやすくなります。さらに関連する論点ですが、身体的な触れ合いのような親密関係は望むが、それを性器的な性交にいたる前戯だと思わないでほしい、という交渉もできます。

ここには、性交をゴールにしないという点で、性交をあくまでさまざまな快楽の源のひとつへと相対化する側面があります。まさにフーコーの言う「快楽の脱セクシュアリティ化」です。性交とは切り離されていることから、一般的には性的だと考えられているとはいえ、実践している当人にとっては性的ではないと感じられる、という余地もできます。それによって、アセクシュアルというアイデンティティと、BDSMをすることが両立可能になるのです。

このように、アセクシュアルの観点からの議論は、性的／非性的という線引きそのものに疑問を向けるものでもあります。これはＢＤＳＭだけでなく、たとえば第３章で触れた性的空想についても、アセクシュアルの人々からは「性的空想と性的惹かれは別だ」という考え方が提起されています（Winter-Gray and Hayfield 2021）。一般的に「性的」なものと考えられがちなものであっても、必ずしも性的なものとして経験されるわけではありません。性的／非性的という区分は、決して分かりきった当然のものではなく、文脈に左右されるものなのです。*7

「例外的な少数者への配慮」を越えて

ここまで論じてきたように、Aro/Ace の観点からの議論は、セクシュアリティや恋愛に関する「常識」に問いを投げかけるものでもあります。単に「セックスや恋愛をする気がない人や苦手な人もいるのだから、そうした人々に対して配慮してあげるべきだ」というだけの話ではなく、性愛や恋愛に関する考え方の枠組み自体が問われているのです。

第６章で触れたように、私たちは自由に物事を考えているつもりでも、既存の語彙や枠組みによって思考を制約されています。そしてセクシュアリティや恋愛に関する「ありがちな語り口」は、社会の多数派にとって理解しやすい発想に偏っています。Aro/Ace のレンズは、いわば性愛や恋愛をめぐる議論の前提そのものに潜んでいるバイアスを浮かび上がらせるものだと言えます。

その一例として、Aro/Ace の観点からは「性的指向」という概念にも問いが投げかけられています（Chasin 2019）。第6章ですこし説明したように、「性的指向はあらゆる人々が生まれつき持っているものだ」という発想自体が、ある意味でセクシュアリティの装置＝強制的性愛の罠だと言えます。最後にこの論点について、もうすこし掘り下げてみたいと思います。

アセクシュアルをめぐる性科学的な研究では、とくに２０１０年代になるとアセクシュアルの存在を積極的に肯定する議論がなされるようになります。たとえば心理学者のローリー・ブロットたちの研究は、アセクシュアルを性的指向とみなすべきだという主張を、科学的に正当化しようとするものです。ちなみにブロットは、ＤＳＭ-ⅤでＨＳＤＤに関する規定を修正する際に、アセクシュアル・コミュニティの活動家と並んで重要な役割を果たした人物でもあります。アセクシュアルの権利運動という文脈では、「性的指向」という枠組みでの議論にも重要な意味があると言えます。

とはいえ、アセクシュアルは「生得的」な「性的指向」なのだという発想は、アセクシュアルとアローセクシュアルを生まれつき異なる種族の人間だとみなすことにもつながるものです。アローセクシュアルの人々であっても、実際には性的な欲望や性への関心は年齢や状況によって変わることがありますし、病気や障害によって性的な関心や欲望を失う人もいます。そうした人々もまた、強制的性愛のもとで不利益を被ることがありえます。ですがアセクシュアルとアローセクシュアルを断絶させてしまうと、こうした状況が見えづらくなってしまうのです。

そもそもなぜ性的指向が重要とされるのでしょうか。すでに説明した内容と重なりますが、同性愛行為は「宗教的な罪」あるいは「法律上の犯罪」とされてきた歴史があります。それに対して、「生まれつきのものだから道徳的に悪いわけではないんだ」という主張がなされ、そのなかで同性愛という概念が出てきたのです。さらにそれが政治的な抵抗のために、アイデンティティとして流用されていったのが、現在のような同性愛概念です。その流れに合流する形で、アセクシュアルが性的アイデンティティを表す概念になったのです。このような経緯があるからこそ、「普通」からはっきりと区別される、「生まれつき」の「性的指向」が、権利や正当化と結びつくものとして理解されるようになっているのです。

しかし、このような枠組みを前提とした議論では、生まれつきどうしようもない（とされた）ことのみを承認しながら、ほかのさまざまな問題を放置するものになりかねません。たとえば、「生まれつき」の「性的指向」だから承認されるべきだという主張は、「生まれつき」の「性的指向」とみなされないセクシュアリティは軽視されてもよいという発想につながるという問題があります。当然ですが、「生まれつき」の要素でないものなら差別してよいというわけではありません。また現在では、いわゆる「性的指向」には含まれないとされてきたセクシュアリティについても反差別や権利運動が行われていますし、[*8] こうした運動は Aro/Ace の運動と連帯して行われていることもあります。[*9] このような論点も無視してはならないものです。

なにより、ここまで議論してきたように、現状の社会は（異）性愛という特定のセクシュアリティを特別扱いする仕組みになっています。その仕組みを改めることなしに、ただ「同性愛者もいるよね」「アセクシュアルもいるよね」と言っているだけでは、構造的な問題は解消されないのです。

しばしば「ＬＧＢＴ問題」という言い回しが使われることがありますが、この表現はまるでＬＧＢＴが存在することが問題であるかのような印象を与えてしまいます。ＬＧＢＴに関する論点は、「ＬＧＢＴ問題」ではなく「異性愛規範の問題」「シスジェンダー中心主義の問題」と呼ぶべきです。それと同じように、本書で考えてきたことは「Aro/Ace 問題」ではなく「強制的性愛の問題」なのです。

その意味でも、たとえば「誰が Aro/Ace に含まれるのか」という、自分以外の人にも適用される客観的な基準を考えるのは、あまり意義がないと言えます。もちろん「私は Aro/Ace だろうか」と自分自身について問うことは否定しません。ですが、強制的性愛の問題を批判的に考えるうえでは、「誰が Aro/Ace に含まれるのか」という問いは役に立ちません。むしろこの問いは、Aro/Ace の人々や、強制的性愛の問題に苦しむ人々を分断するものにしかならないとさえ言えます。

セクシュアリティを強制されるという問題は、特定のアイデンティティを持っている人だけに降りかかるものではありませんし、特定の惹かれを経験する人・しない人だけに降りかかるものでもありません。強制的性愛はまさに社会の構造的な問題であり、誰もが影響を受けるものです。単にAro/Aceという「例外的な少数者を受け入れてあげる」と考えるのではなく、異性愛を含むいかなるセクシュアリティも特別扱いしない社会を目指すことによってこそ、Aro/Aceの人々だけでなく多くの人にとって生きやすい社会につながるのではないかと思います。

註

＊1　クィア理論的な位置づけを補足しておくと、「アセクシュアルな共鳴」論はクィア史学史(queer historiography)やクィア・アーカイブの理論から発展したものであり、ホセ・エステバン・ムニョスやヘザー・ラブ、アン・ツヴェッコヴィッチやジャック・ハルバースタムの理論から影響を受けています。またグプタとセランカウスキは、「アセクシュアルな読解実践」はイヴ・セジウィックの言う「修復的読解」に似ていると指摘しています。今、挙げたうち、ツヴェッコヴィッチの『感情のアーカイヴ』、ハルバースタムの『失敗のクィアアート』、セジウィックの『タッチング・フィーリング』は日本語にも翻訳されています。

＊2　ただしこの読解は、女三の宮がAro/Aceを自認していたと主張するものではありません。第6章で述べたように、セクシュアリティがアイデンティティと結びつくこと自体が、近代以降に特有なものですので、「『源氏物語』の世界には、近代的なアイデンティティやセクシュアリティはありませんし、近代のようにアイデンティティとセクシュアリティが結びつく発想はありません」（西原 2024: 204）。

＊3　すこし理論的な話をすれば、斎藤の理論における強制的（異）性愛や性別二元論の問題は、ジャック・ラカンの精神分析（とくに「現実界」に関する理論）を前提としていることに起因しています。私自身は、多重見当識の発想をラカン的な図式からすくい出すことが望ましいと考えています。ただし公平を期して言えば、ラカンの精神分析はかなり多面的であり、たとえば後期ラカンの理論からはAro/Ace的にも興味深い議論ができるかもしれません。

＊4　キンクに対する偏見や差別をめぐる議論では、「ヴァニラノーマティヴィティ」という概念が使われています（Bennett 2024）。これも性的な規範性を表す概念のひとつです。

＊5　kinkは「ヘンタイ」と訳されることがあります（チェン 2023）。誤訳というわけではありませんが、英語ではhentaiという単語が「（マンガやアニメ的な様式の）二次元の性的創作物」を指す言葉として使われていますので、それとの混同を避けるために、ここでは「キンク」というカタカナ表記を採用しています。

＊6　英語圏のBDSMに関する議論については、下記のブログで手短にまとめています。「安全、正気、そして合意——英米でのS／M実践者についての研究」https://mtwrmtwr.hatenablog.

com/entry/2018/07/16/130822（２０２４年8月1日取得）

＊7　「性的とは何か」という問題はある意味難問です。というのも、「私たちがある行為を性的行為だと考えるとき、行動にもとづいていることもあれば、意図にもとづいていることもあれば、身体部位との接触にもとづいていることもあるなどなど、その文脈によりけり」（ハルワニ 2024: 218）だからです。ちなみに「性的とは何か」というような、セックスに関する基礎的な考察をする哲学分野として「セックスの哲学」という領域があり、近年ではそこでもアセクシュアルに関する研究が行われています（Brunning and Mckeever 2021）。

＊8　一例として、対物性愛に関する「Objectùm-Sexuality Internationale」（http://objectum-sexuality.org/）や、フィクトセクシュアルのコミュニティ「台湾Fセク集散地（台灣紙性戀集散地）」（https://www.facebook.com/ficto.sex.tw）の活動が挙げられます。

＊9　たとえば台湾Fセク集散地は、台湾でのアセクシュアル運動団体やフェミニズム系書店と連帯して活動しています。フィクトセクシュアルに関する研究やアクティヴィズムについては、廖《りょう》希《き》文《ふみ》さんと私の共著「増補 フィクトセクシュアル宣言」で概説しています（廖・松浦 2024）。

おわりに

最近ではアセクシュアルやアロマンティックという言葉がすこしずつメディアでも取り上げられ始めており、「どうやらそういう人たちがいるらしい」というところまでは徐々に知られつつあるように思います。ですが、アセクシュアルやアロマンティックについて、何をどういう風に考えればよいのか、というところまでは、まだまだ世間では議論が及んでいないのかなという印象です。

本書では、アセクシュアルやアロマンティックについて解説することに加えて、アセクシュアルやアロマンティックの観点からさまざまな論点を取り上げてきました。本書で示したように、アセクシュアルやアロマンティックについて考えることは、ひいてはセクシュアリティに関する認識の枠組みや、社会のあり方そのものに問いを投げかけることにもつながります。こうした論点について、読者のみなさまがそれぞれの仕方で考えていくきっかけとして、本書が役に立てば大変うれしく思います。

もうひとつ、本書を書くうえでは、「アセクシュアルやアロマンティックについて、現時点で分かっていることと、これから考えなければならないことを、まとめておきたい」というコンセプトを意識していました。この領域ではそれなりに研究が蓄積されていて（主に英語論文ですが）、日本語でも2020年頃からは継続的に論文が出るようになっています。本書ではこうした蓄積をある程度整理したつもりです。もちろん決して網羅的なものではありませんし、もしかすると私の誤解や誤読も含まれているかもしれませんが、今後の議論のための踏み台として使ってもらえればと思います。そのような意図もあって、本書ではこれまでの研究蓄積をはっきり示すようにしています。参照した文献を逐一明記するスタイルは、学術論文になじみのない方には少々うっとうしく思われるかもしれませんが、巻末の文献リストを読書案内代わりに活用していただければ幸いです。

もしかすると、本書の内容はすこし難しいと感じる方もいらっしゃるかもしれません。そのときにはぜひ、巻末の参考文献一覧にも挙げた『いちばんやさしいアロマンティックやアセクシュアルのこと』を読んでみてください。「いちばんやさしい」の名に恥じない、アセクシュアルやアロマンティックに関する分かりやすい書籍です。この本とあわせて本書を読んでいただくことで、アセクシュアルやアロマンティックに関する解像度がグッと上がるのではないかと思います。

ところで、私の本業の研究は「マンガやアニメなどの二次元の性的創作物を愛好しつつ、生身の人間には性的惹かれを経験しない」というセクシュアリティについてです。学部生の頃からこうしたセクシュアリティの研究をしたいとはっきり考えていたのですが、そんなとき、研究室の先輩である井上智史さんから紹介してもらったのが、アセクシュアルと性的空想に関する論文（Yule, Brotto, and Gorzalka 2017）です。この論文を通して、自分の問題関心がアセクシュアル研究の隣接領域だと認識したことで、私の研究全体の方向性が決定づけられました。井上さんにはこの機会にあらためて感謝したく思います。

また、本書の執筆過程でもさまざまな方からアドバイスをいただきました。As Loop Scholar Network（As Loopが主催しているアセクシュアルやアロマンティックに関する研究者ネットワーク）での研究会で草稿を検討していただき、さまざまな有益な指摘をいただきました。とくに三宅大二郎さんと長島史織さんには、草稿がある程度まとまるたびに、定期的に検討していただきました。平森大規さんには大阪市民調査について問い合わせをして、その後貴重なデータを公開していただきました。紙幅の都合上全員のお名前を挙げることはできませんが、ほかにも学会や研究会などで、さまざまな方から勉強させていただきました。みなさま、まことにありがとうございました。

本書ができあがる最初のきっかけは、２０２２年6月20日に、編集者の金井田亜希さんから執筆依頼のメールをいただいたことです。ただその後、ほかの原稿の〆切や博士論文執筆を言い訳にズルズルと引き延ばしてしまって、結果的に本格的な執筆を始めたのは博士論文提出後、2024年初頭からでした。当初はもっと早く刊行できればと思っていたのですが、遅くなってしまって大変申し訳ありません。そして金井田さんには辛抱強くお付き合いいただき、本当にありがとうございました。

本書がAro/Aceをめぐる今後の議論にとって、すこしでも役立つものとなれば幸いです。

松浦　優

2025年1月

主要参考文献一覧

第1章

AVEN. (2024). The Asexual Visibility and Education Network. https://www.asexuality.org/（２０２４年9月5日取得）

Clark, A. N., & Zimmerman, C. (2022). Concordance between romantic orientations and sexual attitudes: Comparing allosexual and asexual adults. *Archives of Sexual Behavior*, 51(4), 2147–57.

Coblentz, J. (2024). Catholic Anthropology beyond Compulsory Sexuality. *Journal of Moral Theology*, 13(2), 44–62.

Scott, S., McDonnell, L., & Dawson, M. (2016). Stories of non-becoming: Non-issues, non-events and non-identities in asexual lives. *Symbolic Interaction*, 39(2), 268–86.

Winer, C., Carroll, M., Yang, Y., Linder, K., & Miles, B. (2024). "I didn't know ace was a thing": Bisexuality and pansexuality as identity pathways in asexual identity formation. *Sexualities*, 27(1–2), 267–89.

第2章

康純「性機能不全群、性別違和――ＤＳＭ-５からＤＳＭ-５-ＴＲへの変更点」、『精神医学』第65巻（第10号）、２０２３年、１４１６-２２ページ杉浦郁子「一九七〇年代以降の首都圏におけるレズビアン・コミュニティの形成と変容──集合的アイデンティティの意味づけ実践に着目して」、菊地夏野、堀江有里、飯野由里子（編著）『クィア・スタディーズをひらく1──アイデンティティ、コミュニティ、スペース』晃洋書房、2019年、15-51ページ
性意識調査グループ編『310人の性意識──異性愛者ではない〈女〉たちのアンケート調査』七つ森書館、1998年
長島史織「性の医療化と性規範に抵抗して──性的無関心をめぐるアセクシュアル当事者団体の議論に関する考察」、『国際ジェンダー学会誌』第20号、2022年、65-82ページ
三宅大二郎「asexual のドラマトゥルギー──AVENにおける定義の変遷に着目して」、藤川信夫（編著）『人生の調律師たち──動的ドラマトゥルギーの展開』春風社、2017年、370-408ページ
三宅大二郎、平森大規「日本におけるアロマンティック／アセクシュアル・スペクトラムの人口学的多様性：『Aro/Ace 調査2020』の分析結果から」、『人口問題研究』第77巻（第2号）、2021年、206-232ページ
asexual.jp「昔のアセクシャルの解説（2003年頃）」https://www.asexual.jp/old_asexuality/（2024年9月7日閲覧）
asexual.jp「アセクシャルについて」https://www.asexual.jp/info/（2024年9月7日閲覧）
asexual.jp「アセクシャルの歴史」https://www.asexual.jp/history_japan/（2024年9月7日閲覧）
半ギレ火山「【寄稿】a-spec の視点から『性的指向』や『関係性』を問い直す～ASAWに寄せて～」2

０２１年、https://note.com/hangire_aroace/n/n9eb350d4e3eb（２０２４年９月７日閲覧）
ゆき「アセクシャル黎明期のお話し（１）」２０２２年、https://note.com/yukims/n/naee7fee88684（２０２４年９月７日閲覧）
夜のそら「Ａロマへの抑圧：Aro／Ace（４）」夜のそら：Ａセク情報室、２０１９年、https://note.com/asexualnight/n/na1d2d1287fae（２０２４年９月７日閲覧）
夜のそら「ＳＡＭの弊害・曖昧さを守る：Aro／Ace（５）」夜のそら：Ａセク情報室、２０２０年（a）、https://note.com/asexualnight/n/n03c2c0aa8171（２０２４年９月７日閲覧）
Ａ・チェン（著）、羽生有希（訳）『ＡＣＥ――アセクシュアルから見たセックスと社会のこと』左右社、２０２３年
Ａ・Ｃ・キンゼイ、Ｗ・Ｂ・ポメロイ、Ｃ・Ｅ・マーティン（著）、永井潜、安藤画一（訳）『人間に於ける男性の性行為』下巻、コスモポリタン社、１９５０年
Ｌ・オーランド（著）、夜のそら（訳）「『Ａセクシュアル・マニフェスト』（１９７２年）全訳」夜のそら：Ａセク情報室、２０１９年、https://note.com/asexualnight/n/n90be8d29f0fb（２０２４年６月21日閲覧）
AUREA. (2019). Aromantic History. https://www.aromanticism.org/en/news-feed/aromantic-history（２０２４年９月７日閲覧）
Bogaert, A. F. (2004). Asexuality: Prevalence and associated factors in a national probability sample. *Journal of Sex Research*, 41(3), 279-87.

Bogaert, A. F. (2012). Asexuality and autochorissexualism (identity-less sexuality). *Archives of Sexual Behavior*, 41(6), 1513–4.

Hare-Mustin, R. T., & Marecek, J. (1990). *Making a Difference: Psychology and the Construction of Gender*. New Haven: Yale University Press.

Kim, E. (2014). Asexualities and disabilities in constructing sexual normalcy. In *Asexualities: Feminist and Queer Perspectives* (pp. 249–282). New York: Routledge.

Margolin, L. (2023). Why is absent/low sexual desire a mental disorder (except when patients identify as asexual)? *Psychology & Sexuality*, 14(4), 720–33.

Przybylo, E. (2019). Asexuality. In H. Chiang, A. Arondekar, M. Epprecht, J. Evans, & R. G. Forman (Eds.), *Global Encyclopedia of Lesbian, Gay, Bisexual, Transgender, and Queer (LGBTQ) History* (pp. 134–42).

Przybylo, E., & Cooper, D. (2014). Asexual resonances: Tracing a queerly asexual archive. *GLQ: A Journal of Lesbian and Gay Studies*, 20(3), 297–318.

Storms, M. D. (1980). Theories of sexual orientation. *Journal of Personality and Social Psychology*, 38(5), 783–92.

第3章

釜野さおり、石田仁、岩本健良、小山泰代、千年よしみ、平森大規、藤井ひろみ、布施香奈、山内昌和、吉仲崇『大阪市民の働き方と暮らしの多様性と共生にかんするアンケート報告書（単純集計結果）』JSPS科研費16H03709「性的指向と性自認の人口学――日本における研究基盤の構築」「働き方と暮らしの多様性と共生」研究チーム（代表釜野さおり）編、国立社会保障・人口問題研究所内、2019年
釜野さおり、岩本健良、小山泰代、申知燕、武内今日子、千年よしみ、平森大規、藤井ひろみ、布施香奈、山内昌和「家族と性と多様性にかんする全国アンケート結果概要」2023年、https://www.ipss.go.jp/projects/j/SOGI2/ZenkokuSOGISummary20231027.pdf
平森大規、釜野さおり（著）、郭水林、小西優実（訳）「性的指向と性自認のあり方を日本の量的調査でいかにとらえるか――大阪市民調査に向けた準備調査における項目の検討と本調査の結果」、『人口問題研究』第77巻（第1号）、2021年、45-67ページ
三宅大二郎、平森大規「日本におけるアロマンティック／アセクシュアル・スペクトラムの人口学的多様性」2021年（前出第2章）
三宅大二郎、平森大規「日本のアロマンティック／アセクシュアル・スペクトラムにおける恋愛的指向の多面性」、『ジェンダー&セクシュアリティ』第18号、2023年、1-25ページ
三宅大二郎、今徳はる香、中村健、田中裕也『アロマンティック／アセクシュアル・スペクトラム調査2022調査結果報告書』As Loop、2023年
三宅大二郎、今徳はる香、神林麻衣、中村健『いちばんやさしいアロマンティックやアセクシュアルのこと』明石書店、2024年
R・ハルワニ（著）、江口聡、岡本慎平（監訳）、相澤伸依、宇野佑、尾崎健太郎、鈴木英仁、高橋大志、

長門裕介（訳）『愛・セックス・結婚の哲学』名古屋大学出版会、２０２４年
Bogaert, A. F. (2004). Asexuality.（前出第2章）
Bogaert, A. F. (2012). Asexuality and autochorissexualism (identity-less sexuality).（前出第2章）
Carrigan, M. (2011). There's more to life than sex? Difference and commonality within the asexual community. *Sexualities*, 14(4), 462–78.
Hiramori, D., & Kamano, S. (2024). Understanding sexual orientation identity, sexual/romantic attraction, and sexual behavior beyond Western societies: The case of Japan. *SocArXiv*.
Yule, M. A., Brotto, L. A., & Gorzalka, B. B. (2017). Sexual fantasy and masturbation among asexual individuals: An in-depth exploration. *Archives of Sexual Behavior*, 46(1), 311–28.
Winter-Gray, T., & Hayfield, N. (2021). 'Can I be a kinky ace?': How asexual people negotiate their experiences of kinks and fetishes. *Psychology & Sexuality*, 12(3), 163–79.

第４章

釜野さおり「若年層の性的マイノリティに対する抵抗感——社会的属性・意識・経験との関連に着目して」、林雄亮、石川由香里、加藤秀一（編）『若者の性の現在地——青少年の性行動全国調査と複合的アプローチから考える』勁草書房、２０２２年、89–１１５ページ
釜野さおりほか「家族と性と多様性にかんする全国アンケート結果概要」２０２３年（前出第３章）
此下千晶、石丸径一郎「アロマンティック／アセクシュアルの人々による語りのテキストマイニング——

恋愛的指向と性的指向による違い」、『お茶の水女子大学心理臨床相談センター紀要』第25巻、２０２４年、9-20ページ
佐藤邦政「監訳者解説」ミランダ・フリッカー（著）、佐藤邦政（監訳）、飯塚理恵（訳）『認識的不正義――権力は知ることの倫理にどのようにかかわるのか』勁草書房、２０２３年、２６７-３０６ページ
三宅大二郎、平森大規「日本のアロマンティック／アセクシュアル・スペクトラムにおける恋愛的指向の多面性」２０２３年（前出第3章）
三宅大二郎ほか『いちばんやさしいアロマンティックやアセクシュアルのこと』２０２４年（前出第3章）
M・フリッカー（著）、佐藤邦政（監訳）、飯塚理恵（訳）『認識的不正義――権力は知ることの倫理にどのようにかかわるのか』勁草書房、２０２３年
Brunning, L., & Mckeever, N. (2021). Asexuality. *Journal of Applied Philosophy*, 38(3), 497-517.
Cuthbert, K. (2022). Asexuality and epistemic injustice: A gendered perspective. *Journal of Gender Studies*, 31(7), 840–51.
Fowler, J. A., Mendis, M., Crook, A., Chavez-Baldini, U., Baca, T., & Dean, J. A. (2024). Exploring aromanticism through an online qualitative investigation with the aromantic community: "Freeing, alienating, and utterly fantastic." *International Journal of Sexual Health*, 36(1), 126–43.
Gupta, K. (2017). "And now I'm just different, but there's nothing actually wrong with me": Asexual marginalization and resistance. *Journal of Homosexuality*, 64(8), 991–1013.

MacInnis, C. C., & Hodson, G. (2012). Intergroup bias toward "Group X": Evidence of prejudice, dehumanization, avoidance, and discrimination against asexuals. *Group Processes & Intergroup Relations*, 15(6), 725–43.

MacNeela, P., & Murphy, A. (2015). Freedom, invisibility, and community: A qualitative study of self-identification with asexuality. *Archives of Sexual Behavior*, 44(3), 799–812.

Margolin, L. (2023). Why is absent/low sexual desire a mental disorder (except when patients identify as asexual)? （前出第2章）

Tessler, H., & Winer, C. (2023). Sexuality, romantic orientation, and masculinity: Men as underrepresented in asexual and aromantic communities. *Sociology Compass*, 17(11).

Vares, T. (2018). 'My [asexuality] is playing hell with my dating life': Romantic identified asexuals negotiate the dating game. *Sexualities*, 21(4), 520–36.

第5章

松浦優「日常生活の自明性によるクレイム申し立ての『予めの排除／抹消』――『性的指向』概念に適合しないセクシュアリティの語られ方に注目して」、『現代の社会病理』第36巻、２０２１年（ｃ）、67-83ページ

松浦優「対人性愛中心主義批判の射程に関する検討――フェミニズム・クィアスタディーズにおける対物性愛研究を踏まえて」、『人間科学　共生社会学』第12巻、２０２３年（ａ）、21-38ページ

夜のそら「恋愛伴侶規範（amatonormativity）とは」夜のそら：Aセク情報室、２０２０年（b）、https://note.com/asexualnight/n/ndb5d61122c96（２０２４年2月25日取得）

E・ブレイク（著）、久保田裕之（監訳）、羽生有希、藤間公太、本多真隆、佐藤美和、松田和樹、阪井裕一郎（訳）『最小の結婚——結婚をめぐる法と道徳』白澤社、２０１９年

A・リッチ（著）、大島かおり（訳）『血、パン、詩。——アドリエンヌ・リッチ女性論』晶文社、１９８９年

Gupta, K. (2015). Compulsory sexuality: Evaluating an emerging concept. *Signs: Journal of Women in Culture and Society*, 41(1), 131-54.

Motschenbacher, H. (2018). Language and Sexual Normativity. In K. Hall and R. Barrett (Eds.), *Oxford Handbook of Language and Sexuality*, Oxford: Oxford University Press.

Przybylo, E. (2016). Introducing asexuality, unthinking sex. In N. L. Fischer & S. Seidman (Eds.), *Introducing the New Sexuality Studies: 3rd Edition* (pp. 181-91). London: Routledge.

第6章

赤川学『セクシュアリティの歴史社会学』勁草書房、１９９９年

慎改康之『フーコーの言説——〈自分自身〉であり続けないために』筑摩選書、２０１９年

新ヶ江章友『クィア・アクティビズム——はじめて学ぶ〈クィア・スタディーズ〉のために』花伝社、２０２２年

仲正昌樹『フーコー〈性の歴史〉入門講義』作品社、2020年
藤高和輝『バトラー入門』ちくま新書、2024年
森山至貴『LGBTを読みとく――クィア・スタディーズ入門』ちくま新書、2017年
M・フーコー（著）、渡辺守章（訳）『性の歴史I 知への意志』新潮社、1986年
M・フーコー（著）、慎改康之（訳）「性の王権に抗して」、小林康夫、石田英敬、松浦寿輝（編）『フーコー・コレクション5 性・真理』ちくま学芸文庫、2006年、32-63ページ
M・フーコー（著）、西兼志（訳）「ミシェル・フーコー、インタヴュー――性、権力、同一性の政治」、蓮實重彦、渡辺守章（監修）、小林康夫、石田英敬、松浦寿輝（編）『ミシェル・フーコー思考集成X――倫理　道徳　啓蒙』筑摩書房、2002年、255-68ページ
D・ハルプリン（著）、村山敏勝（訳）『聖フーコー――ゲイの聖人伝に向けて』太田出版、1997年
Gupta, K. (2015). Compulsory sexuality.（前出第5章）
Gupta, K. (2017). "And now I'm just different, but there's nothing actually wrong with me".（前出第4章）
Przybylo, E. (2011). Crisis and safety: The asexual in sexusociety. *Sexualities*, 14(4), 444-61.

第7章

相澤伸依「フランスの中絶解放運動とフーコー――GISの活動から」、小泉義之、立木康介編『フーコー研究』岩波書店、2021年、338-55ページ

赤川学『セクシュアリティの歴史社会学』1999年（前出第6章）
岡田玖美子「親密性の変容にみる感情面のジェンダー非対称性――再帰性と対等性という二つの位相の狭間に着目して」、『ソシオロジ』第67巻（第3号）、2023年、23-41ページ
菊地夏野「結婚制度の政治性と同性婚――同性婚によって正当化される結婚制度」、菊地夏野、堀江有里、飯野由里子（編著）『クィア・スタディーズをひらく2――結婚、家族、労働』晃洋書房、2022年、139-66ページ
京都大学人文科学研究所『狂い咲く、フーコー――京都大学人文科学研究所人文研アカデミー『フーコー研究』出版記念シンポジウム全記録＋』読書人新書、2021年
中井亜佐子「『主婦化』するホモ・エコノミクス――新自由主義的主体の変容と未来」、小泉義之、立木康介編『フーコー研究』2021年（前出第7章）372-86ページ
野口裕二「親密性と共同性――『親密性の変容』再考」、庄司洋子（編）『親密性の福祉社会学――ケアが織りなす関係』東京大学出版会、2013年、187-203ページ
M・フーコー（著）、渡辺守章（訳）『性の歴史I　知への意志』1986年（前出第6章）
A・ギデンズ（著）、松尾精文、松川昭子（訳）『親密性の変容――近代社会におけるセクシュアリティ、愛情、エロティシズム』而立書房、1995年
A・ギデンズ（著）、秋吉美都、安藤太郎、筒井淳也（訳）『モダニティと自己アイデンティティ――後期近代における自己と社会』ハーベスト社、2005年
Basson, R. (2000). The female sexual response: A different model. *Journal of Sex & Marital Therapy*, 26

(1), 51–65.
Jamieson, L. (1999). Intimacy transformed? A critical look at the 'pure relationship.' *Sociology*, 33(3), 477–94.
Przybylo, E. (2013). Producing facts: Empirical asexuality and the scientific study of sex. *Feminism & Psychology*, 23(2), 224–42.
Tyler, M. (2008). No means yes? Perpetuating myths in the sexological construction of women's desire. *Women & Therapy*, 32(1), 40–50.

第8章

セクシュアリティとジェンダー

赤枝香奈子『近代日本における女同士の親密な関係』角川学芸出版、２０１１年
掛札悠子『「レズビアン」である、ということ』河出書房新社、１９９２年
風間孝「セクシュアリティとジェンダー役割」、風間孝、河口和也、守如子、赤枝香奈子（著）『教養のためのセクシュアリティ・スタディーズ』法律文化社、２０１８年、18–32ページ
佐川魅恵「親密さの境界を問い直す――アセクシュアルとノンバイナリーからみる『恋愛／友情』の（不）可能性」、『現代思想』第52巻（第9号）、２０２４年、78–86ページ
杉浦郁子「レズビアンの欲望／主体／排除を不可視にする社会について――現代日本におけるレズビアン差別の特徴と現状」、好井裕明（編著）『セクシュアリティの多様性と排除』明石書店、２０１０年、55

–91ページ
武内今日子「恋愛的／性的惹かれをめぐる語りにくさの多層性――『男』『女』を自認しない人々の語りを中心に」、『現代思想』第49巻（第10号）、２０２１年、39–49ページ
藤高和輝『ジュディス・バトラー――生と哲学を賭けた闘い』以文社、２０１８年
堀江有里『レズビアン・アイデンティティーズ』洛北出版、２０１５年
松浦優「メランコリー的ジェンダーと強制的性愛――アセクシュアルの『抹消』に関する理論的考察」、『ジェンダー＆セクシュアリティ』第15号、２０２０年、１１５–３７ページ
松浦優「二次元の性的表現による『現実性愛』の相対化の可能性――現実の他者へ性的に惹かれない『オタク』『腐女子』の語りを事例として」、『新社会学研究』第５号、２０２１年（ａ）、１１６–３６ページ
Ｊ・バトラー（著）、竹村和子（訳）『ジェンダー・トラブル――フェミニズムとアイデンティティの攪乱』青土社、１９９９年
Ｒ・コンネル（著）、伊藤公雄（訳）『マスキュリニティーズ――男性性の社会科学』新曜社、２０２２年
Cuthbert, K. (2019). "When we talk about gender we talk about sex": (A)sexuality and (A)gendered subjectivities. *Gender & Society*, 33(6), 841–64.
Cuthbert, K. (2022). Asexuality and epistemic injustice.（前出第４章）
Gupta, K. (2019). Gendering asexuality and asexualizing gender: A qualitative study exploring the intersections between gender and asexuality. *Sexualities*, 22(7–8), 1197–1216.

Sumerau, J., Barbee, H., Mathers, L., & Eaton, V. (2018). Exploring the experiences of heterosexual and asexual transgender people. *Social Sciences*, 7(9), 162.

Tessler, H., & Winer, C. (2023). Sexuality, romantic orientation, and masculinity.（前出第４章）

フェミニズムやクィアの運動と強制的性愛

B・フックス（著）、野﨑佐和、毛塚翠（訳）『ベル・フックスの「フェミニズム理論」――周辺から中心へ』あけび書房、２０１７年

Gupta, K. (2015). Compulsory sexuality.（前出第５章）

Gupta, K. (2017). "And now I'm just different, but there's nothing actually wrong with me."（前出第４章）

Milks, M. (2014). Stunted growth: Asexual politics and the rhetoric of sexual liberation. In K. J. Cerankowski & M. Milks (Eds.), *Asexualities: Feminist and Queer Perspectives* (pp. 100–118). London and New York: Routledge.

Mosbergen, D. (2013). LGBT, Asexual Communities Clash Over Ace Inclusion. *Huffington Post*. Retrieved 5 June 2024, https://www.huffpost.com/entry/lgbt-asexual_n_3385530?1371820877=

Tessler, H., & Winer, C. (2023). Sexuality, romantic orientation, and masculinity.（前出第４章）

強制的性愛と障害者差別

飯野由里子「性の権利は障害者の味方か？」、飯野由里子、星加良司、西倉実季（著）『「社会」を扱う新たなモード――「障害の社会モデル」の使い方』生活書院、２０２２年、１０１‐３８ページ

欧陽珊珊「『残酷児』――台湾における障害のある性的少数者の実践」、菊地夏野、堀江有里、飯野由里子（編著）『クィア・スタディーズをひらく3――健康／病、障害、身体』晃洋書房、２０２３年、１０８-３５ページ
倉本智明「欲望する、〈男〉になる」、石川准、倉本智明（編著）『障害学の主張』明石書店、２００２年、１１９-４４ページ
瀬山紀子「障害当事者運動はどのように性を問題化してきたか」、倉本智明（編著）『セクシュアリティの障害学』明石書店、２００５年、１２６-６７ページ
松波めぐみ「戦略、あるいは呪縛としてのロマンチックラブ・イデオロギー――障害女性とセクシュアリティの『間』に何があるのか」、『セクシュアリティの障害学』40-92ページ
E・キム（著）、細澤仁、大塚紳一郎、増尾徳行、宮畑麻衣（訳）「セックスは健康のために必要か？――無性愛という悦び」、J・M・メツル、A・カークランド（編）、細澤仁、大塚紳一郎、増尾徳行、宮畑麻衣（訳）『不健康は悪なのか――健康をモラル化する世界』みすず書房、２０１５年、１８６-２０２ページ
Cuthbert, K. (2017). You have to be normal to be abnormal: An empirically grounded exploration of the intersection of asexuality and disability. *Sociology*, 51(2), 241-57.
Kim, E. (2011). Asexuality in disability narratives. *Sexualities*, 14(4), 479-93.

強制的性愛と人種差別

小ヶ谷千穂『移動を生きる――フィリピン移住女性と複数のモビリティ』有信堂、２０１６年

河合優子『日本の人種主義――トランスナショナルな視点からの入門書』青弓社、2023年
下地ローレンス吉孝『「混血」と「日本人」――ハーフ・ダブル・ミックスの社会史』青土社、2018年
ジョン・G・ラッセル『偏見と差別はどのようにつくられるか――黒人差別・反ユダヤ意識を中心に』明石書店、1995年
ジョン・G・ラッセル「黒人の『日本人問題』」、『現代思想』第48巻（第13号）、2020年、160-168ページ
A・チェン（著）、羽生有希（訳）『ACE』2023年（前出第2章）
Gupta, K. (2015). Compulsory sexuality.（前出第5章）
Owen, I. H. (2014). On the racialization of asexuality. In K. J. Cerankowski & M. Milks (Eds.), *Asexualities.*（前出第8章）(pp. 119–35)

排除／抹消

飯野由里子「『見えない』障害のカミングアウトはなぜ難しいのか?」、『クィア・スタディーズをひらく3』2023年（前出第8章）73-101ページ
三部倫子「カミングアウトしやすいのは『誰』なのか――『LGB』へのインタビューをジェンダーから読み解く」、綾部六郎、池田弘乃（編著）『クィアと法――性規範の解放／開放のために』日本評論社、2019年、155-77ページ
清水晶子「埋没した棘――現れないかもしれない複数性のクィア・ポリティクスのために」、『思想』第1

151号、2020年、35-51ページ
松浦優「抹消の現象学的社会学——類型化されないことをともなう周縁化について」、『社会学評論』第74巻（第1号）、2023年（b）、158-74ページ
Crenshaw, K. (1989). Demarginalizing the intersection of race and sex: A Black feminist critique of antidiscrimination doctrine, feminist theory and antiracist politics. *University of Chicago Legal Forum*, 1989(1), 139-67.

第9章
親密性

NHK放送文化研究所（編）『現代日本人の意識構造［第九版］』、NHK出版、2020年
赤枝香奈子『近代日本における女同士の親密な関係』2011年（前出第8章）
東園子『宝塚・やおい、愛の読み替え——女性とポピュラーカルチャーの社会学』新曜社、2015年
大森美佐『現代日本の若者はいかに「恋愛」しているのか——愛・性・結婚の解体と結合をめぐる意味づけ』晃洋書房、2022年
釜野さおりほか「家族と性と多様性にかんする全国アンケート結果概要」2023年（前出第3章）
久保田裕之『他人と暮らす若者たち』集英社新書、2009年
久保田裕之「友人関係と共同的親密性——『友人関係は結婚を代替し得るか』という奇妙な問いをめぐって」、『現代思想』第52巻（第9号）、2024年、45-54ページ

佐川魅恵「親密さの境界を問い直す」2024年（前出第8章）
筒井淳也『仕事と家族――日本はなぜ働きづらく、産みにくいのか』中公新書、2015年
中村香住「クワロマンティック宣言――『恋愛的魅力』は意味をなさない！」、『現代思想』第49巻（第10号）、2021年、60-69ページ
西井開『「非モテ」からはじめる男性学』集英社新書、2021年
藤谷千明『オタク女子が、4人で暮らしてみたら。』幻冬舎文庫、2023年
三宅大二郎ほか『アロマンティック／アセクシュアル・スペクトラム調査2022調査結果報告書』2023年（前出第3章）
E・ブレイク（著）、久保田裕之（監訳）、羽生有希ほか（訳）『最小の結婚』2019年（前出第5章）
L・フェダマン（著）、富岡明美、原美奈子（訳）『レズビアンの歴史』筑摩書房、1996年
M・ファインマン（著）、上野千鶴子（監訳）、穐田信子、速水葉子（訳）『家族、積みすぎた方舟――ポスト平等主義のフェミニズム法理論』学陽書房、2003年
E・キスレフ（著）、舩山むつみ（訳）『「選択的シングル」の時代――30カ国以上のデータが示す「結婚神話」の真実と「新しい生き方」』文響社、2023年
Przybylo, E. (2022). Ace and aro lesbian art and theory with Agnes Martin and Yayoi Kusama. *Journal of Lesbian Studies*, 26(1), 89-112.

歴史とメディア

井村麗奈「Aro/Ace 作品の表象と受容につきまとう困難と可能性――日本の状況と照らして」、『文化交

流研究』第19号、２０２４年、1-19ページ
西原志保『『源氏物語』女三の宮の〈内面〉』新典社新書、２０１７年
西原志保『恋愛しない私でも『源氏物語』は楽しめますか』春秋社、２０２４年
松浦優「アセクシュアル／アロマンティックな多重見当識＝複数的指向――仲谷鳰『やがて君になる』における「する」と「見る」の破れ目から」、『現代思想』第49巻（第10号）、２０２１年（b）、70-82ページ
E・キム（著）、細澤仁ほか（訳）「セックスは健康のために必要か?」２０１５年（前出第8章）
Gupta, K., & Cerankowski, K. J. (2017). Asexualities and media. In C. Smith, F. Attwood, & B. McNair (Eds.), *The Routledge Companion to Media, Sex and Sexuality* (pp. 19–26). New York: Routledge.
Przybylo, E., & Cooper, D. (2014). Asexual resonances.（前出第2章）

メディア理論の読み替え

東園子『宝塚・やおい、愛の読み替え』２０１５年（前出第9章）
泉信行「恋の心のシミュレート――同／異性をめぐるキャラクターの表現」、『美術手帖』第66巻（第１０16号）、２０１４年、１４３-４７ページ
斎藤環『戦闘美少女の精神分析』太田出版、２０００年
富沢雅彦「世紀末美少女症候群伝説」、『美少女症候群』ふゅーじょんぷろだくと、１９８５年
松浦優「二次元の性的表現による『現実性愛』の相対化の可能性」２０２１年（a）（前出第8章）
松浦優「アニメーション的な誤配としての多重見当識――非対人性愛的な『二次元』へのセクシュアリテ

ィに関する理論的考察」、『ジェンダー研究』第25号、２０２２年、１３９‐５７ページ
吉本たいまつ『おたくの起源』ＮＴＴ出版、２００９年
Ｔ・ガニング（著）、中村秀之（訳）「アトラクションの映画――初期映画とその観客、そしてアヴァンギャルド」、長谷正人、中村秀之（編訳）『アンチ・スペクタクル――沸騰する映像文化の考古学』東京大学出版会、２００３年、３０３‐１５ページ
Miles, E. (2020). Porn as practice, porn as access: Pornography consumption and a 'third sexual orientation' in Japan. *Porn Studies*, 7(3), 269–78.
Vincent, K. (2011). Translator's Introduction, Making It Real: Fiction, Desire, and the Queerness of the Beautiful Fighting Girl. In Tamaki Saitō. *Beautiful fighting girl* (pp. ix–xxv). Minneapolis: University of Minnesota Press.

「性的」とは何なのか――ＢＤＳＭ

河原梓水『ＳＭの思想史――戦後日本における支配と暴力をめぐる夢と欲望』青弓社、２０２４年
Ａ・チェン（著）、羽生有希（訳）『ＡＣＥ』２０２３年（前出第２章）
Ｒ・ハルワニ（著）、江口聡、岡本慎平（監訳）、相澤伸依ほか（訳）『愛・セックス・結婚の哲学』２０２４年（前出第３章）
Bennett, T. (2024). The Marginalization of Kink: Kinkphobia, Vanilla-Normativity and Kink-Normativity. *Journal of Homosexuality*, 1-21. https://doi.org/10.1080/00918369.2024.2381520
Brunning, L., & Mckeever, N. (2021). Asexuality.（前出第４章）

Sloan, L. J. (2015). Ace of (BDSM) clubs: Building asexual relationships through BDSM practice. *Sexualities*, 18(5/6), 548–63.
Winter-Gray, T., & Hayfield, N. (2021). 'Can I be a kinky ace?' (前出第3章)

「例外的な少数者への配慮」を越えて

廖希文・松浦優「増補 フィクトセクシュアル宣言――台湾における〈アニメーション〉のクィア政治」、『人間科学 共生社会学』第13号、2024年、1-37ページ
Chasin, C. D. (2019). Asexuality and the re/construction of sexual orientation. In B. L. Simula, J. E. Sumerau, & A. Miller (Eds.), *Expanding the Rainbow: Exploring the Relationships of Bi+, Polyamorous, Kinky, Ace, Intersex, and Trans People* (pp. 209–19). Leiden: Brill.

松浦　優（まつうら　ゆう）

一九九六年福岡県生まれ。九州大学大学院人間環境学府博士後期課程修了。博士（人間環境学）。九州大学大学院人間環境学研究院学術協力研究員。専門はクィア・スタディーズおよび社会学。共著に『フェミニスト現象学：経験が響きあう場所へ』『アニメと場所の社会学：文化産業における共通文化の可能性』『恋愛社会学：多様化する親密な関係に接近する』『入門・家族社会学：現代的課題との関わりで』。

アセクシュアル アロマンティック入門《にゅうもん》

性的《せいてき》惹《ひ》かれや恋愛感情《れんあいかんじょう》を持《も》たない人《ひと》たち

集英社新書一二五二B

二〇二五年二月二二日　第一刷発行
二〇二五年三月三〇日　第二刷発行

著者……松浦《まつうら》　優《ゆう》

発行者……樋口尚也

発行所……株式会社集英社

東京都千代田区一ツ橋二-五-一〇　郵便番号一〇一-八〇五〇

電話　〇三-三二三〇-六三九一（編集部）
〇三-三二三〇-六〇八〇（読者係）
〇三-三二三〇-六三九三（販売部）書店専用

装幀……原　研哉

印刷所……TOPPAN株式会社

製本所……加藤製本株式会社

定価はカバーに表示してあります。

ISBN 978-4-08-721352-2 C0236

Printed in Japan

a pilot of wisdom

社会——B

a pilot of wisdom

私たちが声を上げるとき アメリカを変えた10の問い　和泉真澄／坂下史子 ほか
「黒い雨」訴訟　小山美砂
差別は思いやりでは解決しない　神谷悠一
ファスト教養 10分で答えが欲しい人たち　レジー
非科学主義信仰 揺れるアメリカ社会の現場から　及川順
おどろきのウクライナ　橋爪大三郎／大澤真幸
対論 1968　笠井潔／絓秀実
武器としての国際人権　藤田早苗
小山田圭吾の「いじめ」はいかにつくられたか　片岡大右
クラシックカー屋一代記　涌井清春／金子浩久 構成
カオスなSDGs グルっと回せばうんこ色　酒井敏
「イクメン」を疑え!　関口洋平
差別の教室　藤原章生
ハマのドン 横浜カジノ阻止をめぐる闘いの記録　松原文枝
なぜ豊岡は世界に注目されるのか　中貝宗治
続・韓国カルチャー 描かれた「歴史」と社会の変化　伊東順子
トランスジェンダー入門　周司あきら／高井ゆと里

スポーツの価値　山口香
「おひとりさまの老後」が危ない! 介護の転換期に立ち向かう　上野千鶴子／高口光子
男性の性暴力被害　宮﨑浩一／西岡真由美
推す力 人生をかけたアイドル論　中森明夫
正義はどこへ行くのか 映画・アニメで読み解く「ヒーロー」　河野真太郎
さらば東大 越境する知識人の半世紀　吉見俊哉
「断熱が日本を救う」 健康、経済、省エネの切り札　高橋真樹
鈴木邦男の愛国問答　鈴木邦男／白井聡 解説
文章は「形」から読む　阿部公彦
なぜ働いていると本が読めなくなるのか　三宅香帆
贖罪 殺人は償えるのか　藤井誠二
日韓の未来図 文化への熱狂と外交の溝　小針進／大貫智子
カジノ列島ニッポン　高野真吾
引き裂かれるアメリカ トランプをめぐるZ世代　及川順
遊びと利他　北村匡平
東京裏返し 都心・再開発編　吉見俊哉
わたしの神聖なる女友だち　四方田犬彦

集英社新書　好評既刊

哲学・思想――C

a pilot of wisdom

イスラーム入門 文明の共存を考えるための99の扉　中田 考
ダメなときほど「言葉」を磨こう　萩本欽一
ゾーンの入り方　室伏広治
人工知能時代を〈善く生きる〉技術　堀内進之介
究極の選択　桜井章一
母の教え 10年後の『悩む力』　姜 尚中
一神教と戦争　橋爪大三郎　中田 考
善く死ぬための身体論　内田 樹　成瀬雅春
世界が変わる「視点」の見つけ方　佐藤可士和
いま、なぜ魯迅か　佐高 信
人生にとって挫折とは何か　下重暁子
全体主義の克服　マルクス・ガブリエル　中島隆博
悲しみとともにどう生きるか　柳田邦男　若松英輔ほか
原子力の哲学　戸谷洋志
退屈とポスト・トゥルース　マーク・キングウェル　上岡伸雄・訳
「利他」とは何か　伊藤亜紗・編
はじめての動物倫理学　田上孝一
ポストコロナの生命哲学　福岡伸一　伊藤亜紗　藤原辰史
哲学で抵抗する　高桑和巳
いまを生きるカント倫理学　秋元康隆
未来倫理　戸谷洋志
日本のカルトと自民党 政教分離を問い直す　橋爪大三郎
アジアを生きる　姜 尚中
サークル有害論 なぜ小集団は毒されるのか　荒木優太
スーフィズムとは何か イスラーム神秘主義の修行道　山本直輝
スーザン・ソンタグ 「脆さ」にあらがう思想　波戸岡景太
一神教と帝国　内田 樹　中田 考　山本直輝
「おりる」思想 無駄にしんどい世の中だから　飯田 朔
福沢諭吉「一身の独立」から「天下の独立」まで　中村敏子
限界突破の哲学　アレキサンダー・ベネット
教養の鍛錬 日本の名著を読みなおす　石井洋二郎
ヘーゲル(再)入門　川瀬和也
恋する仏教 アジア諸国の文学を育てた教え　石井公成
捨てる生き方　小野龍光　香山リカ

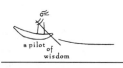

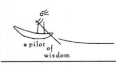